浙商大东亚研究文库
东亚民俗研究丛书

中日远古
非文字交流研究

李国栋　著

上海交通大学出版社
SHANGHAI JIAO TONG UNIVERSITY PRESS

内容提要

本书以日本绳纹时代、弥生时代和古坟时代为基本断代，以非文字证据为主要支撑。通过对日本绳纹人与中国古越人的共同祖居地"东中国海平原"的探讨，阐释了 15000 年前日本绳纹文化的产生；通过玉玦、勾玉、红漆角枻、刻画纹石钺和远古菱形纹，阐释了中日两国 7000—4000 年前非农耕背景下的文化交流；通过对稻作东传日本的最早传播者、稻魂信仰的始源、日本历史纪年的起始年以及徐福姓氏的考察，阐释了 3000—2200 年前中日两国以稻作农耕为背景的文化交流；通过对前方后圆坟、三角缘神兽镜和金错铭文铁剑的分析，阐释了 1800—1600 年前中日两国的文化交流，以及日本从无文字社会走向文字社会的历史进程。

图书在版编目（CIP）数据

中日远古非文字交流研究 / 李国栋著. — 上海：
上海交通大学出版社，2021
ISBN 978-7-313-24974-6

Ⅰ.①中… Ⅱ.①李… Ⅲ.①中日关系–文化交流–
文化史–研究–远古 Ⅳ.①K203 ②K313.03

中国版本图书馆CIP数据核字〔2021〕第098361号

中日远古非文字交流研究
ZHONGRI YUANGU FEI WENZI JIAOLIU YANJIU

著　　者：李国栋

出版发行：上海交通大学出版社　　　　　　地　　址：上海市番禺路951号

邮政编码：200030　　　　　　　　　　　　电　　话：021-64071208

印　　制：常熟市文化印刷有限公司　　　　经　　销：全国新华书店

开　　本：710mm×1000mm　1/16　　　　印　　张：15.25

字　　数：210千字

版　　次：2021年7月第1版　　　　　　　　印　　次：2021年7月第1次印刷

书　　号：ISBN 978-7-313-24974-6

定　　价：88.00元

目　录

序　论

一、文字证据与非文字证据

迄今为止，国内已有多部关于中日文化交流史的书籍出版，其中还包括一部《中日文化交流史大系》。但是，大多著述将起始点设在秦汉，还没有一部将重点放在远古时代。

难道秦汉以前中国大陆与日本列岛就没有文化交流？或交流量小到不值一提？当然不是，只是因为秦汉以前的文化交流几乎没有文字记载。

中国是文明古国，3000 多年前就有成熟的甲骨文，所以考证历史及文化交流时，人们往往非常重视文字资料，而对几乎没有文字资料证明的秦汉以前自然也就不写了。

但是，对于中日文化交流史研究来说，这样做后果很严重。日本最早的绳纹时代始于 15000 年前，并一直持续到 2800 年前。如果中日文化交流史基本不涉及秦汉以前的话，就等于把日本整个绳纹时代都忽略掉了。这可是一个持续了 12000 多年的时代，完全忽略掉不能不说是一大缺憾。不过，要想研究日本绳纹时代的中日文化交流，问题就又回到原点：有证据吗？

其实，在 21 世纪的今天能够成为证据的早已不单单是文字资料，还有许多非文字资料可以成为证据。

1925年，王国维提出"二重证据法"，主张"纸上之材料"与"地下之新材料"互证。

1993—2003年，杨向奎、饶宗颐、孙作云、叶舒宪等学者先后提出"三重证据法"，主张在"二重证据"之外，再加入古俗、口传、仪式等民俗学和民族学旁证。[①]

2005年，叶舒宪首次提出"四重证据法"："一重证据指传世文献。二重证据指地下出土的文字材料，包括王国维当年研究的甲骨文、金文和后来出土的大批竹简帛书。三重证据指民俗学、民族学所提供的相关参照材料，包括口传的神话传说，活态的民俗仪礼，祭祀象征等。四重证据则专指考古发掘的或传世的远古实物及图像。"[②]

"三重证据法"和"四重证据法"所重视的，其实都是非文字资料。而且笔者相信，随着科技的进步，将来还会有人沿着非文字资料的大方向提出"五重证据法""六重证据法""七重证据法"……

关于"四重证据法"的意义，叶舒宪曾结合承担"中华文明探源工程"子课题"中华文明探源的神话学研究"，作出过如下解释：

> "中华文明探源的神话学研究"将文学人类学派历经十年尝试实践的跨学科方法论——四重证据法，作为重新开始思考的学术切入点，通过探索发现非文字符号的系统资料，即通过组织第四重证据所构成的符号链，创建出一套关于中国文化大传统与小传统前后衔接与演化的文化文本理论系统，将甲骨文字出现之前的数千年史前文化脉络作为大传统，将甲骨文出现之后的汉字书写传统定义为中国文化小传

---

① 杨骊.重估大传统：四重证据法的方法论价值[J].百色学院学报，2012（7）：12.
② 叶舒宪.物证优先：四重证据法与"玉成中国三部曲"[J].国际比较文学，2020，3（3）：426.

统，主要通过大传统的 8000 年传承背景的新知识谱系，重新认识和解释文字小传统的所以然。①

"四重证据法"的最大意义就在于"通过探索发现非文字符号的系统资料"，将甲骨文出现之前的数千年史前文化脉络作为"大传统"，将甲骨文出现之后的汉字书写传统定义为"小传统"，从而使"通过大传统的 8000 年传承背景的新知识谱系，重新认识和解释文字小传统的所以然"成为可能。

虽然叶舒宪的基本立场是文学人类学，但只要把目光投射到 8000 年前，就一定会涉及远古史研究。因此，他对如何研究"夏代和夏代之前的无文字时代"也提出了"三项基本原则"——"物证优先"原则、文物实证与神话阐释（即人文阐释）原则和再语境化的"激活"原则。②

从以上近百年的方法论演变中我们可以清楚地看出，人文领域的证据大致可以分为文字证据和非文字证据，证据的内涵正在从单一文字证据向非文字证据方向拓展。虽然现在历史学界还不愿意接受非文字证据，但基于非文字证据的考证和阐释已经成为一种大趋势，不可逆转。而且仅就本书而言，非文字证据确实为我们打开了研究中日远古文化交流的大门，让我们在更广阔的东亚范围内确认"大传统"和"小传统"以及两者之间的互证关系。因此，尽管非文字证据本身还具有一定的不确定性，但只要"多重"使用，作为一种研究远古史或远古文化交流的方法，是完全可以成立的。

---

① 叶舒宪.物证优先：四重证据法与"玉成中国三部曲"［J］.国际比较文学，2020,3（3）：417—418.
② 叶舒宪.物证优先：四重证据法与"玉成中国三部曲"［J］.国际比较文学，2020,3（3）：422.

二、研究对象、基本思路和具体方法

本书的研究对象是"非文字交流";基本思路是以非文字资料证明非文字领域的交流;具体方法是先在中日两国非文字资料之间找到互证,然后综合诸多互证而形成证据链,最后以非文字证据链证明中日两国在远古时代确实存在非文字交流。

第一章从15000年前写起,以日本绳纹人与中国古越人的共同祖居地"东中国海平原"为焦点,通过海侵、古人骨类型、古人类基因、陶罐纹样及"陶罐"古音来阐释绳纹文化产生的契机,以及绳纹人与古越人的同源性。

第二章至第五章,通过玉玦、勾玉、独木舟、红漆角栉、玉梳背、石钺、玉钺、耳珰、黑齿、古菱形纹以及畲族字符,阐释中日两国7000—4000年前的文化交流。

第六章根据环境考古学对日本列岛古环境的复原、稻作遗址的年代谱系以及日本上古神话,阐释3000—2200年前中国稻作民迁居日本列岛并进行稻作开发的过程。

第七章至第十一章,通过石刀、石镰、奴国金印、东亚"稻"音溯源、枫香树、标绳、神社建筑符号、鸡血石和蟠螭纹谷纹璧,阐释3000—2000年前中日两国以稻作农耕为背景的文化交流,特别是对中国稻作东传日本的最早传播者和日本历史纪年的起始年作出崭新的逻辑推断,为该领域研究提供新的思路。

第十一章和第十二章,通过考察前方后圆坟、三角缘神兽镜、东汉神兽镜系列、尚方规矩镜以及金错铭铁剑,阐释1800—1600年前中日两国的非文字交流以及日本从无文字社会向文字社会的过渡。

以上所列的非文字交流资料,大多为以往中日文化交流史所未提及。其中像奴国金印、徐福传说、金错铭铁剑等文字资料,前人虽有提及，但从非文字交流的角度看，还有深入挖掘的余地。因此，本书不仅会举证新的交流资料，对旧的交流史料也将作出新的阐释。

本书从始至终都在强调两个族群——古越人（古越族）和古苗人（苗族）。在远古及上古时代，华夏族与日本倭人的交流并不多，几乎都是古越人、古苗人与日本倭人的交流。

古越人与日本倭人的交流可以追溯到 7000 年前，那时的交流以交易为主，交易器物主要是玉玦。此后，古越人与日本倭人的交流从未中断过，直到"倭五王"朝贡的时候，其对象仍然是南朝的刘宋，刘宋的主体民族仍然是古越人。

古苗人与日本倭人的交流始于公元前 10 世纪稻作农耕的传播。其实，6000—4000 年前，古越人已将长江下游的稻谷带到了日本。此时的长江中下游，稻作农耕作为一种新的生计方式正在快速传播，所以在此背景下，古越人将稻谷传播到日本列岛也是一件很自然的事。但在 6000—4000 年前，日本列岛并没有出现稻作农耕，反而是前农耕性质的绳纹文化迎来了最繁荣期。

不过，公元前 10 世纪以后，稻作农耕正式传入日本，而在其初始阶段，古苗人确实发挥了决定性作用。因此，从公元前 10 世纪起中日文化交流的主线就变成了两条：一条线是古越人与日本倭人的交流，另一条线是古苗人与日本倭人的交流。当然，从更高的层次讲，无论是古越人还是古苗人，他们与日本倭人的交流都是在稻作背景下进行的，所以本质上都属于稻作文化交流。其实，只要把握住这个基本点，我们就能够比较容易地理解这两条交流主线的分离与交错。

中日远古非文字交流与中国东部沿海地区密切相关，所以本书反复使用了该地区的考古学资料，但角度并不是考古学，而是寻求与稻作史、人类学、神话学及词源学的结合。在考古学层面，山东北辛文化时代、大汶口文化时代、龙山文化时代的演进是非常清楚的。但是，这三个时代的演进是否能与远古传说及上古史对应起来，考古学界和历史学界尚存不同见解。因此，当笔者在中日远古非文字交流的框架下，从稻作史、人类学、神话学及词源学的视角将考古事实与远古传说结合起来进行综合阐释的时候，恐怕会超出部分考古学家和历史学家的预料。

另外，考古学界认为大汶口文化和龙山文化是一脉相承的。但从生计方式来看，二者之间曾发生过从粟作农耕到稻作农耕的根本性转变。笔者认为，带来这一根本性转变的历史原因就是苗族稻作集团的北上和蚩尤九黎稻作联邦的形成。对于没有研究过稻作史或苗族远古史的人来说，这一结论恐怕有些意外，但种种非文字资料表明，这种可能性是存在的。而且正因为在山东半岛形成了蚩尤九黎稻作联邦，蚩尤被黄帝擒杀后，蚩尤后裔才会大批流落到江淮一带，最后其中的一部分还逃亡到日本列岛，给日本列岛带去了稻作农耕。

当然，这只是笔者的个人见解，但学术研究本身就需要多重视角，只要基本事实的认定没有错误，基于基本事实的阐释则属于讨论范畴。笔者愿就本书提出的涉及考古学及远古史的诸多观点，与各界专家进行深入探讨。

本书的年代跨度大致为 13000 年。以 12 章对应 13000 年显然是不够的，特别是对距今 7000 年以前的考证和阐释还很薄弱，需要寻找更多能够获得中日双方互证的非文字资料；至于 7000 年以降，非文字资料相对增多，资料间年代间隔已经缩短到 1000 年以内；3000 年以降，资料间年代间隔进一步缩短到 300 年以内。不过笔者希望，有朝一日可以将非文字资料间的年代间隔缩短到 100 年以内，使中日远古非文字交流研究无限接近历史。

三、本书的断代

探讨中日两国远古时代的非文字交流，会遇到两国历史断代完全不对等的问题。夏代以前中国无历史学断代，统称旧石器时代、新石器时代。但日本的绳纹时代横跨旧石器时代和新石器时代，它既是考古学断代，也是历史学断代。对于绳纹时代来说，中国的夏代相当于绳纹后期的初始期，再往前还有绳纹草创期、早期、前期和中期。另外，日本的无文字时代特别长，一直持续到4世纪，而中国早在3000多年前就已经结束了无文字时代。

因此，本书决定以日本绳纹时代、弥生时代和古坟时代为基本断代，并结合前农耕、稻作农耕、前方后圆坟这三种文化形态来进行考证和阐释。这样会更有逻辑，更容易捋清中日远古非文字交流的基本脉络。

本书终点设在5世纪的原因其实也在于此。5世纪，日本开始借用汉字发音标注日语，从无文字时代向文字时代迈出了第一步。

从弥生中期末段开始，日本倭人就一直与有文字的中国王朝交往。公元57年，九州岛北部的奴国受赐金印，上刻"汉委奴国王"五个汉字，但那时日本倭人并没有想要学习汉语。3世纪前期的邪马台国女王卑弥呼也受封"亲魏倭王"，并受赐金印一枚（尚未出土），印面上也一定刻着汉字，但也没有迹象显示当时的倭人想要学习汉语。然而，到了5世纪，为什么日本倭人突然想学习汉语了呢？

仅按日本古坟时代的断代，很难解释这个问题。仅仅探讨"倭五王"朝贡，也看不清事情的本质。但是，从非文字交流的视角将5世纪定义为日本从无文字时代走向文字时代以后，我们就会知晓，5世纪是日本历史上一个非常重要的转折点，具有远古性质的无文字时代到此终于结束。

总而言之，不管选择哪国的历史断代，都需要有利于所研究历史时段的阐释，需要有其内在合理性。断代合理了，看到的对象就清晰了。

第一章

"内越"与"外越"

一、东亚古环境

15000 年以前，地球非常寒冷。根据著名历史地理学家陈桥驿的研究，当时的海平面比现在低 136 米，即 −136 米[①]，所以在中国大陆东部，黄海大陆架和东海大陆架完全裸露，形成了广阔的低地平原。日本列岛西南部与朝鲜半岛陆路相连，对马岛和济州岛根本就不存在，其附近都是陆地；另一方面，本州岛与北海道岛、北海道岛与萨哈林岛（库页岛）之间也处于陆路相连状态，所以日本海就是一个巨大的湖。再看东海南部，台湾岛与福建一带陆路相连；琉球群岛也不是群岛，而是一个大岛，现在的群岛之间尚可陆路往来（图 1−1）。

总而言之，15000 年前的东亚地形与现在完全不同，最显著的区别就是曾经存在过一个辽阔的、由黄海大陆架和东海大陆架构成的低地平原。日本学者将这个低地平原称为"东中国海平原"，我国学者则称之为"中国东部平原"。笔者认为，"中国东部平原"容易产生歧义，所以本书采用"东中国海平原"这个称呼。"东中国海平原"与朝鲜和日本陆路相连，所以当时朝鲜还不是半岛，日本也不是列岛。

[①] 陈桥驿.吴越文化论丛［M］.北京：中华书局,1999：43.

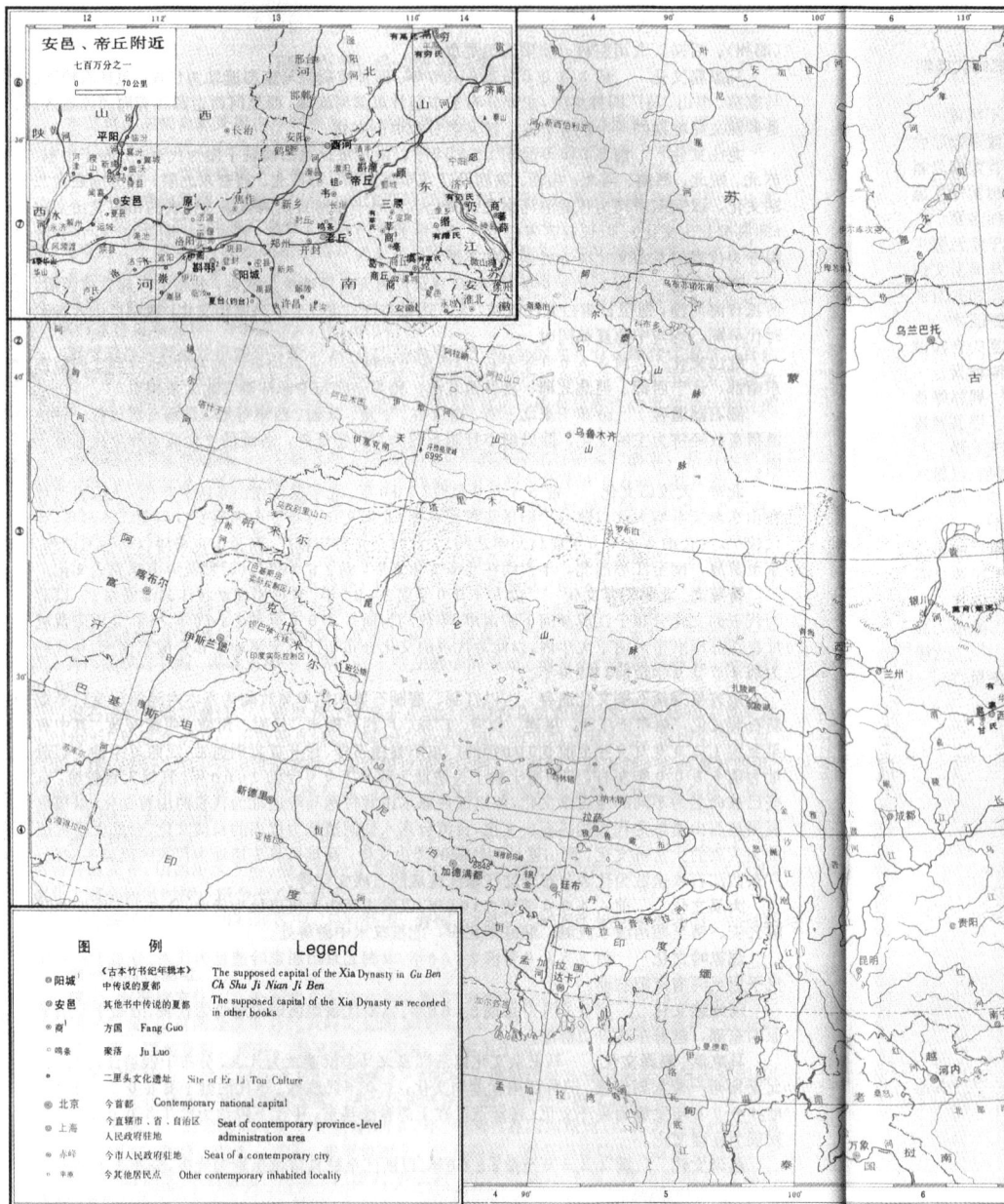

夏 时 期 全 图

安邑、帝丘附近

七百万分之一

0   70公里

图 例   Legend

⊙ 阳城	《古本竹书纪年辑本》中传说的夏都	The supposed capital of the Xia Dynasty in *Gu Ben Ch Shu Ji Nian Ji Ben*
◎ 安邑	其他书中传说的夏都	The supposed capital of the Xia Dynasty as recorded in other books
⊛ 商	方国	*Fang Guo*
▫ 鸣条	聚落	*Ju Luo*
●	二里头文化遗址	Site of Er Li Tou Culture
⊕ 北京	今首都	Contemporary national capital
⊙ 上海	今直辖市、省、自治区人民政府驻地	Seat of contemporary province-level administration area
⊚ 赤峰	今市人民政府驻地	Seat of a contemporary city
○ 半水	今其他居民点	Other contemporary inhabited locality

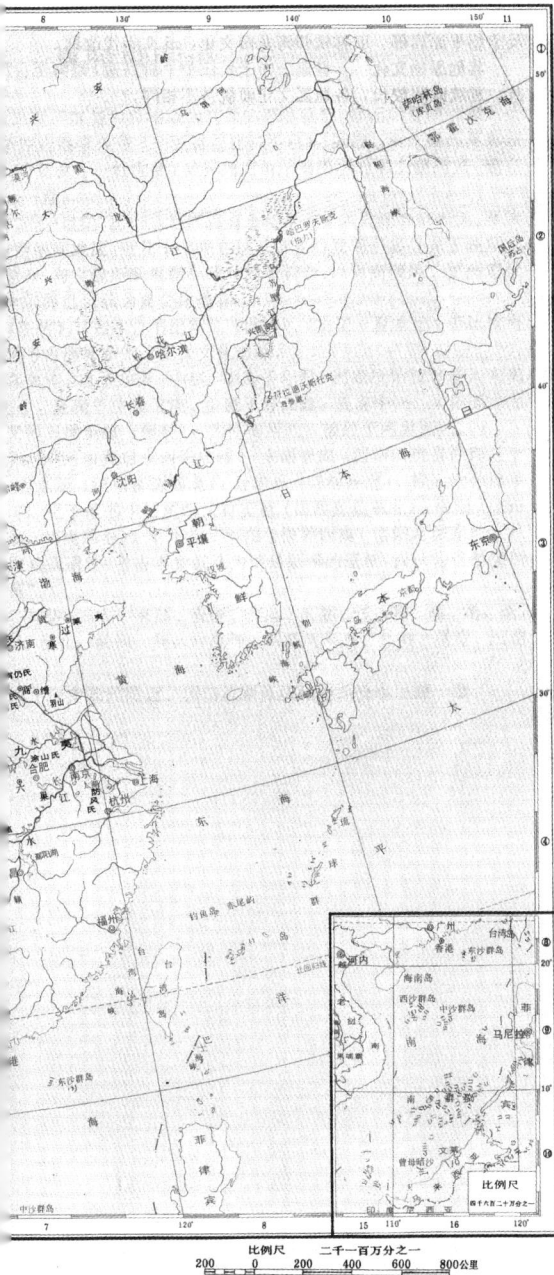

图 1-1 东亚地形
(谭其骧《中国历史图集》第一册
第 9—10 页《夏时期全图》[①])

---

① 谭其骧. 中国历史地图集第一册[M]. 中国地图出版社, 1982: 9—10.

不过，地球从 15000 年前开始温暖化，海平面不断上升。陈桥驿指出，12000 年前，海平面从 −136 米上升到 −110 米；11000 年前，继续上升到 −60 米。这时，黄海、东海已经形成。此后海平面继续上升，8000 年前上升到 −5 米，6000 年前终于超过现在的高度，长江下游的最高点已达到 +12 米。①

图 1−2 和图 1−3 非常直观地告诉我们，气温在 20000—15000 年前达到最低点，海平面也同样达到最低点。但从 15000 年前起，气温和海平面同时上升，并在 6000 年前达到最高点。

图 1−2　中国东部 110000 年间温度曲线图
（李国栋摄于舟山博物馆）

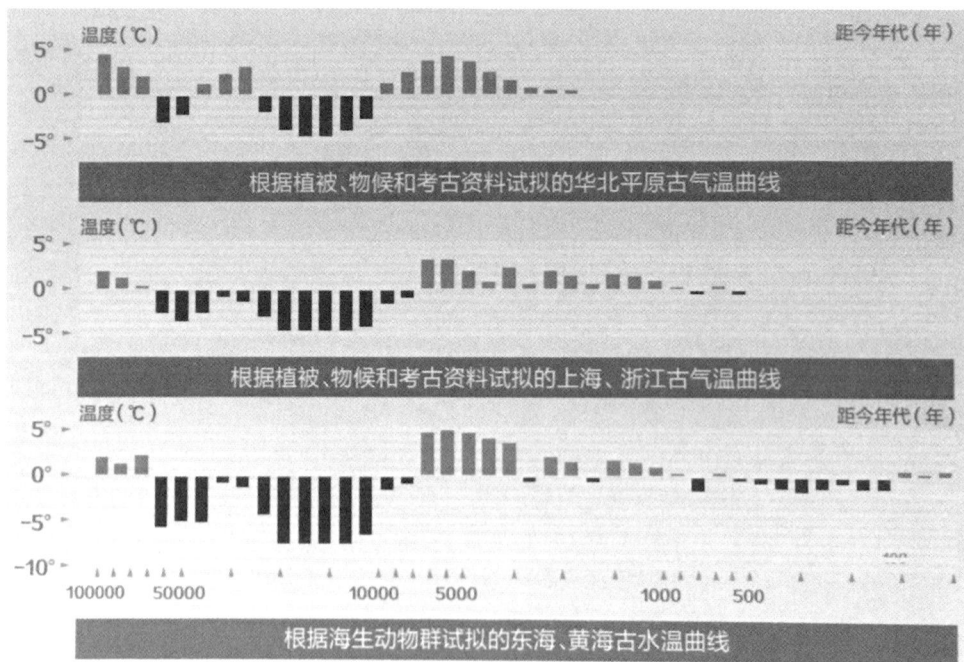

① 陈桥驿.吴越文化论丛［M］.北京：中华书局,1999：43.

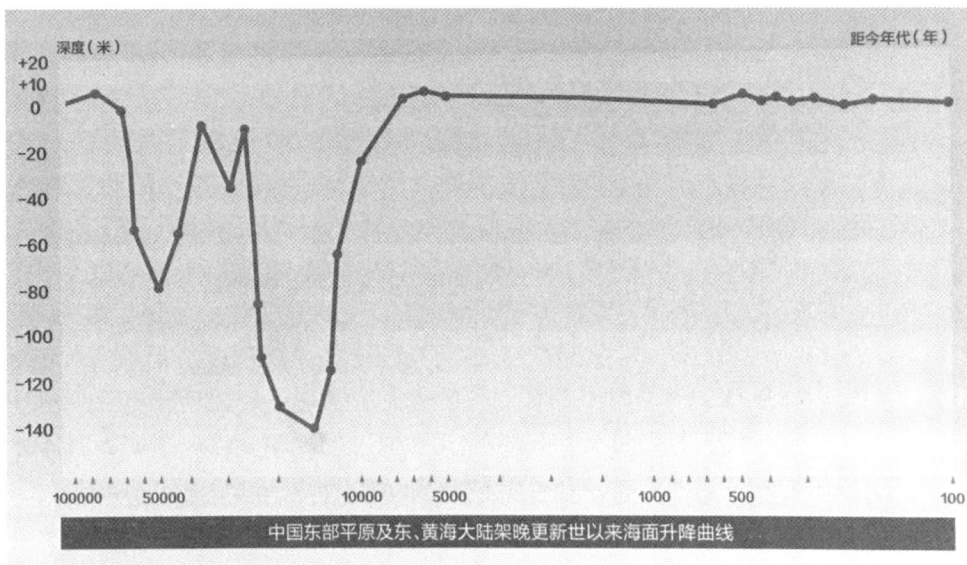

中国东部平原及东、黄海大陆架晚更新世以来海面升降曲线

　　另一方面，据日本著名环境考古学家安田喜宪对日本福井县水月湖湖底堆积物"年缟"的取样分析，15000—14810 年前，即仅仅在这 190 年间，日本列岛的气温就上升了 5—6 度[①]。如此迅猛的温暖化促使日本周边的海洋环境发生巨变。9000 年前，对马暖流正式流入日本海[②]，日本正式成为列岛，朝鲜也正式成为半岛。对马暖流使日本列岛的气候由寒冷干燥逐渐转变为温暖湿润。同时，山毛榉、枹栎等适于温暖多雨环境的树种开始以森林的形式不断向北扩展，为日后绳纹文化的产生提供了必要条件。日本学者一致认为，绳纹海侵在 6500—6000 年前达到最高点，日本列岛周边的海平面比现在高 5 米。

图 1-3　中国东部 110000 年间海平面升降图
（同图 1-2）

———————

① 安田喜宪.稻作渔猎文明——从长江文明到弥生文化 [M].东京：雄山阁，2009：48.
② 安田喜宪.稻作渔猎文明——从长江文明到弥生文化 [M].东京：雄山阁，2009：327.

二 绳纹人的故乡

日本学术界认为，日本最古老的文化是以绳纹陶器为标志的绳纹文化。关于绳纹人的来历，日本学术界有"南下说""北上说"和"折中说"。1958 年 9 月，中国广西壮族自治区柳江县（今广西壮族自治区柳州市柳江区）通天岩洞穴出土了一个大约 50000 年前的柳江人头盖骨（无下颚）①。1968 年 1 月，日本冲绳县港川遗址出土了一个 18000 年前的港川人头盖骨。将这两个头骨与日本本土历年出土的绳纹人头骨进行比对，发现绳纹人骨骼特征与二者皆有近似之处。基于这一事实，日本著名体质人类学家铃木尚在其专著《骨骼讲述的日本史》中指出：

> 与华北山顶洞人的上洞人相比，港川人更类似于华南的柳江人，由此可知，晚更新世时期，在中国大陆南部存在着原黄种人，他们是柳江人和港川人的共同祖型。追溯其源，这一人种大概可以追溯到类似北京猿人的东亚原人。也就是说，在 18000 年前，尚未分化的原黄种人——他们是柳江人及华南至印度支那北部新石器时代人的共同祖先——通过亚洲大陆以及冲绳与日本本土之间理应存在的陆桥，追赶着动物不断东进，其中一群人来到台湾和冲绳，另一部分人则北上而最终到达日本本土。台湾的左镇人、冲绳的山下町洞人、港川人、大洞人等，以及日本本土的三日人、浜北人和葛生人的一部分应该就是这原黄种人的子孙或亲戚。②

① 柳江人头盖骨的年代尚未最终确定，有学者认为大约可以追溯到 70000 年以前。但是，2021 年 2 月 9 日，以孙雪峰、达伦·克诺、李辉为通讯作者的论文《古 DNA 和多种测年方式证实现代人晚到达中国南方》（"Ancient DNA and multimethod dating confirm the late arrival of anatomically modern humans in southern China"）在《美国科学院院报》（*PNAS*）发表。该论文通过对华南洞穴古人类牙齿的 DAN 分析，证明起源于非洲的"现代人抵达华南不超过六万年"。

② 铃木尚．骨骼讲述的日本史［M］．东京：学生社,1998：59—60.

　　铃木氏的基本想法是，中国大陆南部首先存在柳江人和港川人的共同祖先——原黄种人，后来留在中国大陆的那部分演变成柳江人，而东进的另一部分就变成港川人。但是，铃木氏又受到"北上说"的影响，认为港川人是从南方通过"琉球陆桥"北上到日本列岛，并成为绳纹人的。铃木氏最后指出："港川人与柳江人的关系可以说是表兄弟，同时，港川人也可以视为绳纹人的远祖。"

　　铃木尚的学生埴原和郎也非常关注绳纹人的来历，他在《人类的进化与日本人的起源》一文中提供了一张日本人进化坐标图（图1-4），并指出："从这张进化图来看，日本人从绳纹人起一直是沿着左斜线向下方

日本人的变化

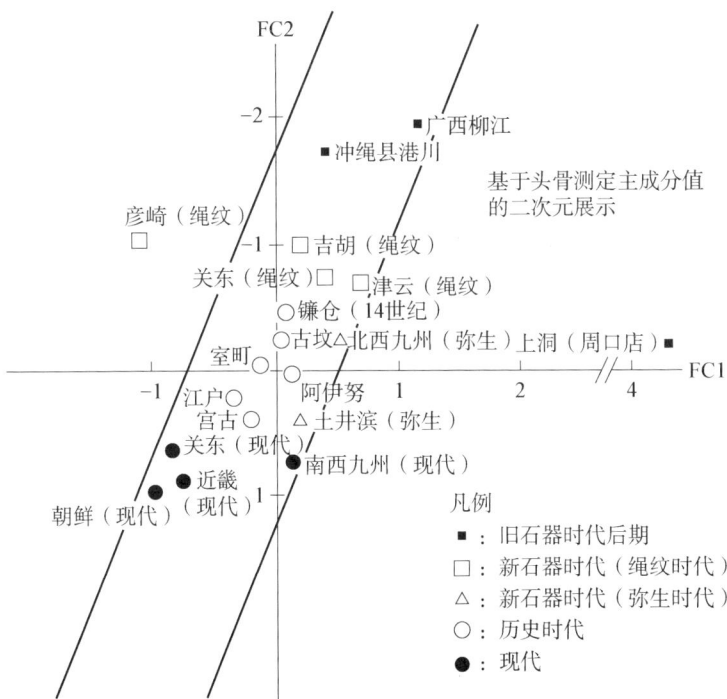

图 1-4　日本人的变化

（《人类的进化与日本人的起源》）

进化的，所以日本人的直接祖先是绳纹人。这条斜线的上方则是港川人和中国柳江人。也就是说，将日本人的进化逆向溯源，就会推到港川人和柳江人"①。

既然港川人的祖先是生活在中国大陆南部的原黄种人，而留在中国南部的原黄种人又进化成柳江人（图1-5），那柳江人的后代向东迁徙，移居到相对温暖的"东中国海平原"，然后再从"东中国海平原"登上日本列岛成为绳纹人，也就是大概率的事了。换句话说，柳江人的后代不必经过"琉球陆桥"也能成为绳纹人。

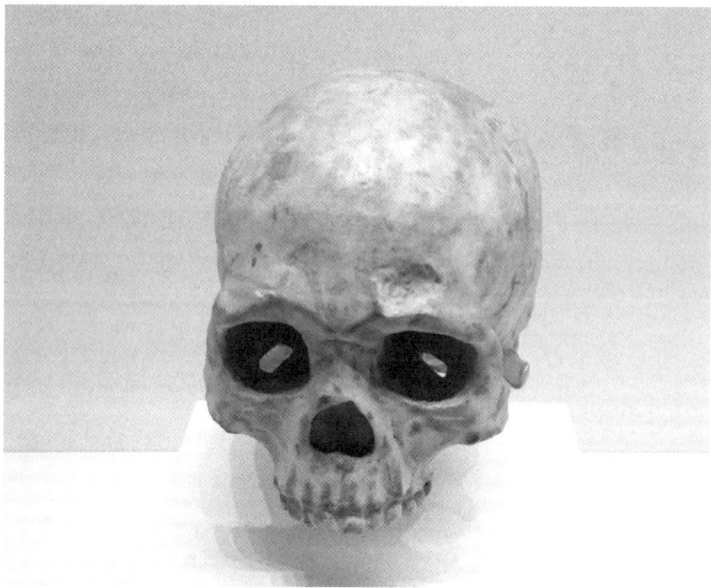

图 1-5 柳江人头
骨复制品
（李国栋摄于中国
国家博物馆）

推想 15000 年前，中国大陆东边没有黄海，东海海岸线远在 500 公里以东，"东中国海平原"上生活着

① 埴原和郎.人类的进化与日本人的起源［J］//梅原猛，尾崎秀树，奈良本辰也.史话·日本历史第一卷 日本源流探源——绳纹、弥生文化.东京：作品社,1991：18.

源自柳江人的一群人,他们想必就是后来被称为"越人"的祖先。当其时,中国大陆是高高的台地,日本列岛是高高的山脉,所以生活在"东中国海平原"的古越人没有必要去爬相对寒冷的"中国台地"和"日本山脉"。但是,随着气候温暖化海平面不断上升,从14000年前起,他们中的一部分人便不得不开始迁移;到了11000年前海平面达到−60米的时候,黄海和东海基本变成现在的样子,他们则不得不全部移居别处。笔者认为,他们迁徙的路线主要有三条:一条是迁往快要变成平原的中国大陆东部,另一条是迁往快要变成列岛的日本,还有一条则是迁往快要变成半岛的朝鲜南部。迁往中国大陆东部的这部分人就是古越人,而迁往日本的那部分人则构成绳纹人的核心。

当然,古越人在"东中国海平原"生活时的遗留物早已沉入海底,我们现在得不到任何考古学证据。但是,从中国大陆和日本列岛出土的遗物判断,我们确实可以作出这样的推论。因为只有这样,才能更合理地解释日本绳纹文化的产生与发展。

日本著名环境考古学家安田喜宪也曾预测:"日本九州是世界上最早制作陶器的文明发达地区,其背后的原因也许是东海陆地被淹没而引发的民族大迁徙","现阶段虽然还没有能够证实的考古学物证,但可以肯定,伴随东海陆地被淹没而引发的民族大迁徙与日本绳纹文化的产生和发展,以及与中国新石器时代文化之发展的关联性,应该是今后饶有兴味的研究课题"[1]。

安田氏提出上述预测是在2009年。12年后的今天,就让我们来挑战一下这个饶有兴味的研究课题。

三 "外越"人的足迹

14000—11000年前,生活在"东中国海平原"上的古越人分别

---

[1] 安田喜宪.稻作渔猎文明——从长江文明到弥生文化[M].东京:雄山阁,2009:203.

向长江下游、日本和朝鲜南部迁徙。进入文字时代以后，移居长江下游的古越人被称为"内越"，而移居日本的古越人则被称为"外越"。《越绝书》卷八云：

> 无余初封大越，都秦余望南，千有余岁而至勾践。勾践徙治山北，引属东海，内、外越别封削焉。[①]

由此可知，早在勾践以前越族就已经分为"内越"和"外越"，且各有自己的领地。但是，当勾践把其势力扩展到东海的时候，"内越"和"外越"的领地则被重新划分了。《越绝书》的记述以"内越"为视角，所以这里所说的"内越"当然是指长江下游的越人。那么，"外越"又是指谁呢？《越绝书》卷八中另有如下记载：

> 政更号为秦始皇帝，以其三十七年，东游之会稽。（中略）以正月甲戌到大越，留舍督亭。（中略）是时，徙大越民置余杭、伊攻、□故鄣。因徙天下有罪适吏民，置海南故大越处，以备东海外越。乃更名大越曰山阴。[②]

引文中的"以备东海外越"值得注意。"东海"即现在的东中国海，"外越"则指生活在东中国海外侧，即日本列岛上的越人。秦始皇灭越以后，强制性地把沿海地区的越人迁往内地，最远的迁到了今天安徽境内的"故鄣"；然后，再把其他地方的罪犯迁入沿海地区，以防"内越"与"外越"交流。由此反推，我们就可以知道直到越国灭亡为止，"内越"与"外越"一直是有往来的。

"内越"和"外越"原本都是生活在"东中国海平原"的古越人。

---

① 袁康，吴平.越绝书全译［M］.俞纪东，译注.贵阳：贵州人民出版社,1996：163.
② 袁康，吴平.越绝书全译［M］.俞纪东，译注.贵阳：贵州人民出版社,1996：195.

虽然在 14000—11000 年前因海平面上升而分开，但在 7000—6500 年前，两地的古越人又恢复了往来。于是，就有了绳纹时代中日两国的非文字交流。

日本绳纹时代分为草创期（15000—12000 年前）、早期（12000—7000 年前）、前期（7000—5500 年前）、中期（5500—4500 年前）、后期（4500—3300 年前）和晚期（3300—2800 年前）。但是，这里标注的年代是最近流行的碳十四加速器校正年代，而不是传统的碳十四年代。若按传统的碳十四年代标注，所有年代都要后推 800 年左右。

近年来，日本考古学界的年代测定逐渐由碳十四测定年代转变为碳十四加速器（Accelerator Mass Spectrometry）校正年代，所以中日两国遗址或文物的年代标注出现了一些不一致。因为碳十四测定年代与碳十四加速器校正年代之间最大可以相差 800 年以上[1]，所以我们在讨论中日两国遗址或文化时代时，不得不考虑这 800 年的差值。其实，这 800 年不是实际的年代差，只是由于文献资料的编写国别或时期的不同而出现的标注差而已。因此，在追踪"外越"足迹的时候也许会出现这样的情况：在文献资料上两个遗址相差 800 年，但它们的实际年代其实相同；或某个出土文物的标注年代是 12800 年前，但它是碳十四加速器校正年代，所以其碳十四测定年代其实是 12000 年前。

日本九州岛长崎县有两个非常重要的绳纹草创期遗址 —— 福井洞穴遗址和泉福寺洞穴遗址。福井洞穴遗址出土了 31900 年前的安山岩石器、13600 年前的黑曜石石器、12700 年前的细石器和隆线纹陶器；泉福寺洞穴遗址出土了 14000 年前的豆粒纹陶器和 12400 年前的指甲纹陶器。细石器、豆粒纹陶器、隆线纹陶器和指甲纹陶器

---

① 安田喜宪.大河文明的诞生［M］.东京：角川书店,2000：61—64.

都是日本绳纹草创期的代表性器物，而它们的制作年代正与"外越"开始登陆日本列岛的时期相吻合。日本考古学家户泽充则在其论著《考古地域史论——用地域遗址遗物描述历史》中指出：

> 日本列岛出现的初始时期的陶器大约延续 3000 年，器面装饰呈现出豆粒纹→隆线纹→指甲纹以及按压纹、素面的变化。各种陶器之间看不出明显的类型学意义上的连续性，而且其分布方式在以后的绳纹陶器中也是见不到的——这就是这个时期的特征。根据现已查明的情况，豆粒纹陶器的确切分布仅限于九州的部分地区，但隆线纹、指甲纹陶器则广泛分布于九州、四国乃至东北地区，而且陶器完全同质，无论取哪个地区的陶器看，也看不出丝毫的地方特色。由此判断，这些陶器是以九州一隅为基点而产生的，而且烧制这种新陶器的文化也是依次波状扩散开去的。[①]

户泽氏认为，豆粒纹陶器仅限于九州一隅，但隆线纹、指甲纹陶器却广泛分布于九州、四国乃至东北地区，以隆线纹、指甲纹陶器为象征的新兴文化从九州依次波状扩展到整个日本列岛。笔者认为，户泽氏所说的"烧制这种新陶器的文化"就是绳纹文化。

由于 14000—11000 年前的海平面上升，古越人的故乡逐渐被海水淹没，而日本列岛周围则出现了海湾和浅海。于是，部分古越人开始在九州岛西南部登陆，并在那里定居下来，福井洞穴遗址出土的 12700 年前的隆线纹陶器和泉福寺洞穴遗址出土的 12400 年前的指甲纹陶器都可视为佐证。其后，更多的古越人陆续登陆，并在距今 12700—10000 年间扩散到日本各地。九州岛南部绳纹草创期的栌

---

① 户泽充则. 考古地域史论——用地域遗址遗物描述历史［M］. 东京：新泉社，2004：204.

原遗址、堂地西遗址出土的隆线纹、指甲纹陶器显示，隆线纹和指甲纹陶器是以长崎为起点，环绕九州岛南端，然后才向日本本州岛传播的。

日本语言学家小泉保在其专著《绳纹语的发现》中，对"蜻蜓"一词的方言分布做了详细调查，并指出九州岛南部与本州岛东北地区之间存在着语音共性。"蜻蜓"在宫崎县发"akezu"，在鹿儿岛县发"akeshi"或"akeso"，在东北地区的岩手县也发"akezu"，在秋田县南部、宫城县和福岛县西部则发"aketsu"，在宫城县西北部发"agetsu"。[①] 语音上的这一共性客观地显示出"外越"人从九州岛南部沿太平洋沿岸北上的路线，而这一条迁徙路线与隆线纹陶器和指甲纹陶器的传播路线完全吻合。

四、绳纹陶器的称呼

日本本州岛最北端的青森县表馆遗址出土了一个绳纹草创期的尖底陶罐（图1-6），陶壁厚度只有5毫米，绳纹压印得非常精美。难以想象"外越"人在12000年前就能烧制出如此精美的陶罐！

在绳纹时代，这样的陶罐被称作什么呢？现在，意为"陶罐"的日语叫"tsubo"，但日本权威辞典《广辞苑》认为，"tsubo"的古日语发音是"tsuho"。笔者则认为，"tsuho"还可以继续分解为"tsu"和"ho"。陶器的诞生与火的使用密切相关，而"ho"的本义就是"火"，所以绳纹草创期的陶罐很可能就叫"ho"。

在日语里，"火"也称"hi"，但"hi"除了"火"以外，还表示"日"（太阳），由此我们可以知晓，"hi"是农耕时代的词汇，表达着农民心中的太阳崇拜。但是，在绳纹草创期，日本列岛的气候还相当

---

① 小泉保.绳纹语的发现［M］.东京：青土社,1998：141—147.

图 1-6 日本绳纹
草创期陶罐
(《日本美术全集
1 原始造型》①)

寒冷，根本不具备农耕条件。因此，当时还不可能有
"hi"这个词，当时的人应该只称"火"为"ho"。

前文说过，日本列岛的"外越"人与长江下游的
"内越"人同源同祖。在调查长江下游方言音时笔者
发现，"内越"人称"火"为"həu"，用日语发音，就
是"ho"。但是，如果用古汉语读"火"的话，就不读

① 横山浩一，铃木嘉吉，辻惟雄，等.日本美术全集 1 原始造型——
绳纹、弥生、古坟时代的美术［M］.东京：讲谈社,1994：彩图 2.

"həu"了。根据《汉字古今音表（修订版）》的古音复原，"火"的上古音读"huəi"，中古音读"hua"，近代音读"huɔ"，现代音读"huo"。① 也就是说，日语"ho"（火）与任何时代的汉语发音都不一样，唯独与越语完全相同。因此我们可以断定，日语"ho"（火）原本是15000—12000年前绳纹草创期的古越语，与农耕时代的"hi"无关。

隆线纹和指甲纹陶罐都是从火中诞生的，但仅有火还不够。"ho"除指"火"以外，还有"包含"（fukumu）和"凹陷"（kubomu）的含义②。笔者认为，只有"火"和"凹陷、包含"这两种含义结合在一起，作为陶罐的"ho"才有可能产生。

前文曾提到冲绳的港川人与绳纹人是近亲，所以在考察绳纹草创期的语言时，我们不妨参考一下冲绳语。根据日本国立国语研究所编纂的《冲绳语辞典》，冲绳语称"女阴"为"hoo"③，内间直仁、野原三义编著的《冲绳语辞典—以那霸方言为中心》也说那霸首里方言称"女阴"为"ho"。另外，日本九州岛方言称女阴为"bo"，可见这三个发音具有同源性，"bo"只是"ho"的浊音化而已。

至于"ho"为什么能够表示"女阴"，应该是由于女阴与孕育胎儿的子宫相连，而子宫则具有"凹陷、包含"的形态和孕育功能。因此从这个意义上讲，绳纹人烧制"ho"（陶器），其实就是想用"ho"（陶器）来模拟女阴和子宫的形态和功能。换句话说，女阴、子宫崇拜才是烧制绳纹陶器的根本动机。

在绳纹中期，陶罐曾用作埋葬儿童的瓮棺。2007年11月，笔者曾去日本青森县三内丸山遗址考察，在其资料室看见一个5000年前的瓮棺陶罐（图1-7）。该陶罐接近底部的侧面开了一个孔，这个

① 李珍华,周长楫.汉字古今音表（修订本）［Z］.北京:中华书局,1999:304.
② 藤堂明保,清水秀晃.日本语词源辞典——日本语的诞生［Z］.东京:现代出版,1984:323.
③ 日本国立国语研究所.冲绳语辞典［Z］.东京:大藏省印刷局,1963:212.

图 1-7 瓮棺陶罐
（李国栋摄于三内
丸山遗址展室）

"孔"应该表示"女阴"，而陶罐本身则象征子宫。

再看长江下游，宁波人称女阴为"popo"，而
"popo"的词源应该是单音的"ho"，由此亦可见"内
越"人与"外越"人的同源性。

长江下游 11000 年前的上山遗址、8000 年前的跨
湖桥遗址和 7000 年前的河姆渡遗址都出土了陶罐，而

罐与"壶"相通。根据《汉字古今音表（修订本）》的古音复原，在上古和中古时代，汉字"壶"发"ɤɑ"[①]，在近代和现代则发"hu"，都与日语"ho"无关。但是，越语的"壶"发"ɦəu"，与日语"ho"完全相同。一般认为，"壶"的词源是"瓠"，而"瓠"的越语音也是"ɦəu"，用日语读也同样是"ho"。也就是说，在"内越"语言中，"ɦəu"既是"火"，也是"女阴"或"葫芦"。在此，我们可以清楚地看到"内越"人烧制陶罐的动机以及"内越"与"外越"的文化相似性。

进入绳纹中期以后，日本陶罐上开始大量出现女阴造型（图1-8），而且这些造型基本都是交合过程中或产子过程中的女阴形象。这一变化告诉我们，绳纹草创期以来被称为"ho"的陶罐，进入绳纹中期以后则被称为"tsuho"了。"tsu"有"捣"（tsuku）的意思，作为名词则表示"手指"或"手指状器物"，而"ho"意为"女阴纹子宫形陶罐"，所以"tsuho"的本义就是在火焰中用石棒（男根）"捣""女阴纹子宫形陶罐"。笔者认为，这就是绳纹中期交合纹陶罐的真正用途。

当然，这种行为肯定是在神秘的宗教仪式中进行的，但随着这种宗教秘仪的频繁举行，绳纹中期的人口也确实实现了快速增长。根据日本著名人口学家鬼头宏在《从人口解读日本史》序章中提供的数据，绳纹草创期的人口数量不明，绳纹早期的人口仅 2.1 万人，绳纹前期的人口也不过 10.55 万人，但到了绳纹中期，人口猛增到 26.13 万人[②]。

神奈川县大日野原遗址出土了一个绳纹中期的蛙人纹陶罐（图1-9），其中心纹样是一只蛙，表示多产；蛙的身体呈女阴形象，表示生育；蛙的头呈三角形，三角形里面再刻画一条蛇，示意这个三角形的头是男根，多子祈愿和女阴崇拜在这里都表现得如此清晰。

① 李珍华,周长楫.汉字古今音表（修订本）[Z].北京：中华书局,1999：97.
② 鬼头宏.从人口解读日本史[M].东京：讲谈社,2000：16—17.

图 1-8　日本山梨县安道寺遗址出土的绳纹中期陶罐
（《日本美术全集 1　原始造型》①）

---

① 横山浩一，铃木嘉吉，辻惟雄，等．日本美术全集 1　原始造型——绳纹、弥生、古坟
　时代的美术［M］．东京：讲谈社，1994；彩图 12．

图 1-9 蛙人纹陶罐

(《绳纹——1 万年之美的鼓动》①)

---

① 东京国立博物馆特别展.绳纹——1 万年之美的鼓动[M].东京：东京国立博物馆，2018：185.

因此，在绳纹中期人口猛增 1.5 倍的过程中，我们不能忽视"女阴纹子宫形陶罐"的大量烧制与人口增加的因果关系。

不过，进入绳纹后期以后，绳纹人不再烧制"女阴纹子宫形陶罐"了，于是人口也减少到 16.03 万；到了绳纹晚期，人口已骤减到 7.58 万，绳纹社会终于走到尽头。当然，绳纹晚期稻作文化传入日本列岛后，又使日语产生了一个新词，叫"inaho"，含义为"稻穗"。但是，"inaho"的"ho"也是"包含、孕育"的意思，在意象上与"女阴纹子宫形陶罐"一脉相通。

近年来，有关日本人的基因研究有了长足的进步。日本基因学专家筱田谦一在《从基因探究日本人的形成》一文中分析了与日本列岛、中国东部沿海地区以及南岛群岛密切相关的女性线粒体 DNA 单倍群 M7，并得出以下结论：

> M7a 有 b 和 c 两个亲缘组合。它们的祖型 M7 形成于 5 万年前，a、b、c 可能是在 25000 年前从 M7 中派生出来的。现在我们知道，这三个组合中的 a 主要分布于日本，b 分布于中国大陆沿岸，而 c 则分布于东南亚。由此我们可以推断，作为其母体的 M7 原本分布在曾是陆地的黄海，因为当时的海平面很低。后来从这一区域的人当中产生了 M7a，这部分人最后移居到了日本。[①]

筱田氏认为，具有 M7a 的日本人来自"曾是陆地的黄海"，这一结论从基因层面再次证明，"东中国海平原"就是日本绳纹人的故乡。

---

① 筱田谦一. 从基因探究日本人的形成［J］// 日本国立科学博物馆. 日本列岛的自然史. 东京：东海大学出版会, 2006：306.

第
二
章

日本玉玦与勾玉的文化源流

一、玉玦的起源与种类

1993 年，日本福井县北部的芦原市桑野遗址出土了 85 枚玉玦（图 2-1），年代可以追溯到绳纹早期末段至绳纹前期（7000—6500 年前）。

图 2-1　日本远古玉玦

（福井县芦原市乡土历史资料馆）

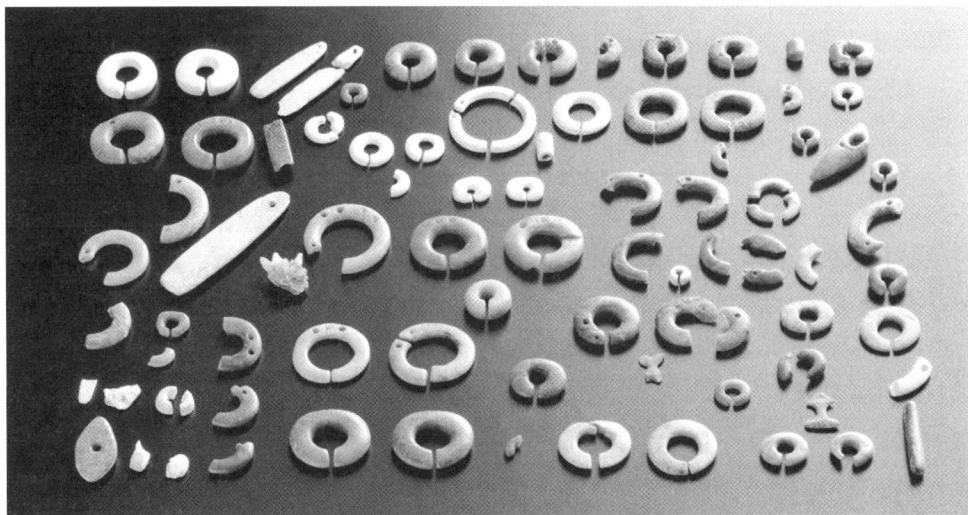

1996 年，日本九州岛南端的鹿儿岛县、宫崎县一带也出土了年代大致相同的玉玦和石玦（图 2-2）。这

图 2-2 日本远古玉玦

（李国栋摄于鹿儿岛县上野原绳纹之林展示馆）

些玉玦和石玦出土于"火山赤土层"（akahoya）以下，而导致"火山赤土层"出现的"鬼界火山口"喷发是在6500年前（近年来，也有人按碳十四加速器校正年代，将其标注为7300年前），所以很多日本学者认为，九州岛南端出土的玉玦和石玦才是日本最古老的。

玉玦起源于我国内蒙古东南部及西辽河流域的兴隆洼文化圈。内蒙古赤峰市出土了8150—7350年前的玉玦（图2-3），同一文化圈的辽宁阜新市查海遗址也出土了8000年前的玉玦和玉匕（图2-4）

7000—6000年前，长江下游的马家浜遗址（图2-5）、河姆渡遗址（图2-6）和田螺山遗址也都出土了玉玦和石玦。这些玉玦和石玦与日本福井县桑野遗址和九州岛南端各遗址出土的玉玦和石玦基本同时或略早。

日本学者川崎保曾在论文《玦状耳饰》中将日本出

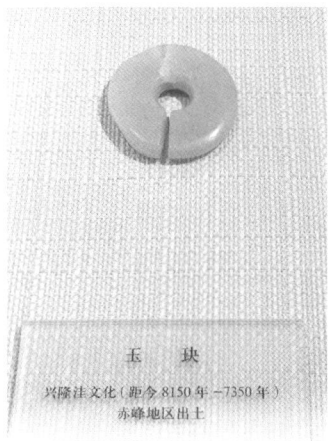

图2-3　兴隆洼文化玉玦
（李国栋摄于赤峰市敖汉史前
文化博物馆）

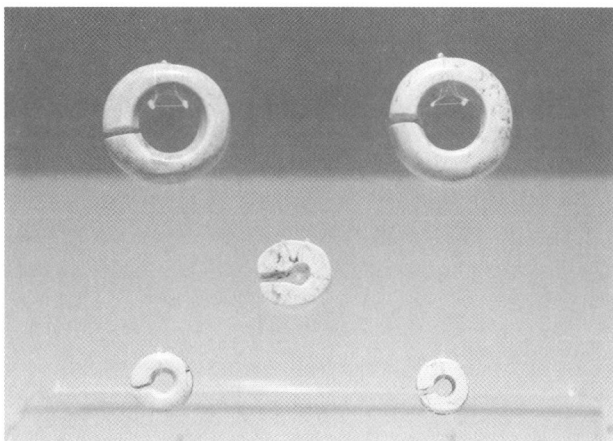

图2-4　查海遗址出土玉玦
（李国栋摄于辽宁省博物馆）

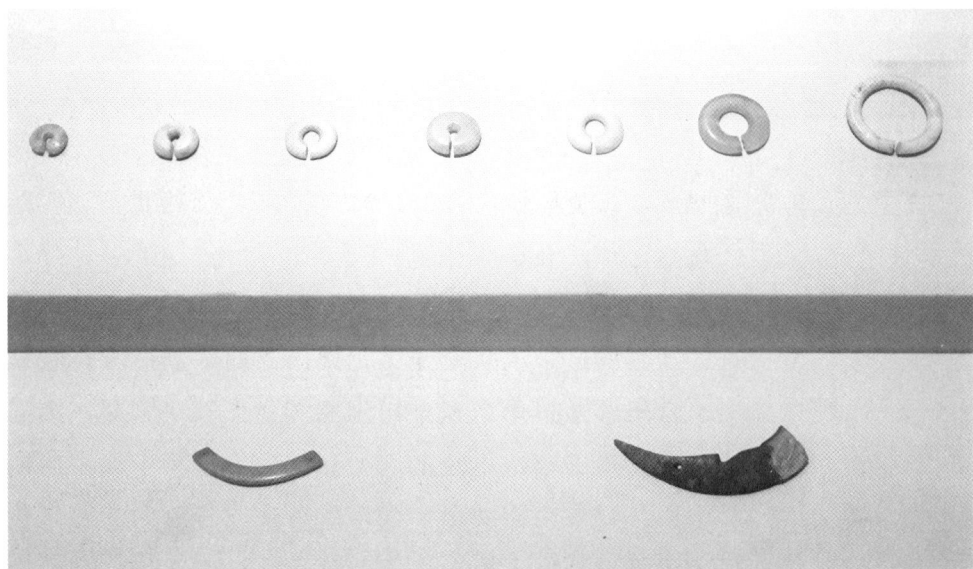

图2-5　马家浜文化玉玦
（李国栋摄于浙江省博物馆武林馆区）

图2-6 河姆渡文
化玉玦

（《河姆渡文化精
粹》[1]）

土的玉玦和石玦按年代早晚分成以下7种类型：①浮
圈形，②金环形，③"有明山社"形，④指贯形，⑤圆
盘形，⑥三角形，⑦椭圆形。

根据这个分类（图2-7），可知浮圈形和金环形很
古老。不过，从兴隆洼文化圈出土的圆盘形玉玦和日
本宫崎县永迫第二遗址出土的圆盘形石玦判断，第五
种圆盘形玉玦或石玦的起始年代肯定要早于绳纹前期
中段，应该与浮圈形、金环形玉玦或石玦的起始年代
大致相同，甚至更早。

---

① 河姆渡遗址博物馆.河姆渡文化精粹［M］.北京：文物出版社,2002：
36,彩图13.

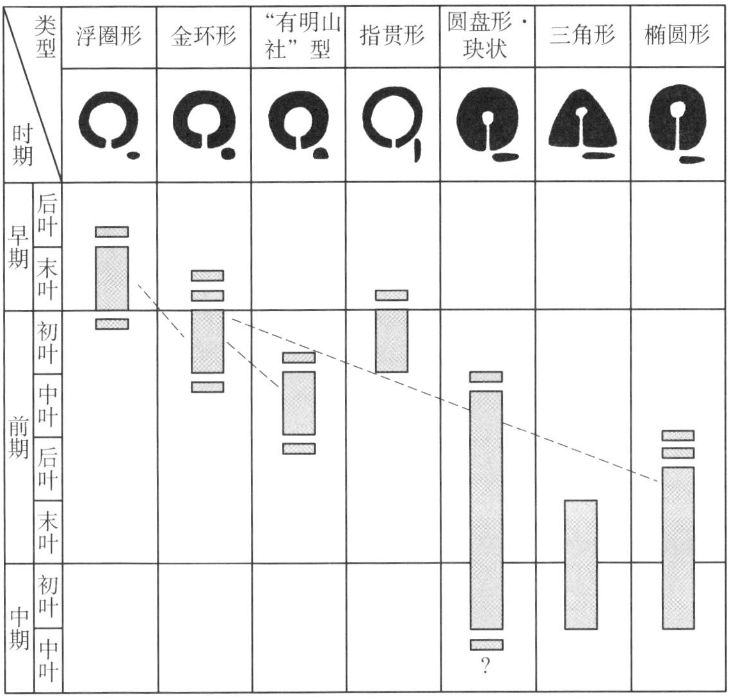

类型\时期	浮圈形	金环形	"有明山社"型	指贯形	圆盘形·玦状	三角形	椭圆形
早期 后叶							
早期 末叶							
前期 初叶							
前期 中叶							
前期 后叶							
前期 末叶							
中期 初叶							
中期 中叶					?		

图 2-7 玉玦样式编年图表

（《玦状耳饰》[1]）

二、玉玦的传播及其形态学意义

关于长江下游的玉玦和石玦，人们推测应该源自北方的兴隆洼文化圈。特别是从时间上看，兴隆洼文化圈出现玉玦1000年后，日本列岛和长江下游几乎同时出现了玉玦和石玦，很像是从同一个源头同时传播出去的。另外，河姆渡文化玉玦和石玦中最古老的形态也是金环形和圆盘形。

但值得怀疑的一点是，兴隆洼文化圈的玉玦出土时会伴有玉匕（图2-8），而7000—6500年前长江下游

---

[1] 川崎保.玦状耳饰［J］.季刊考古学,2004（89）：19.

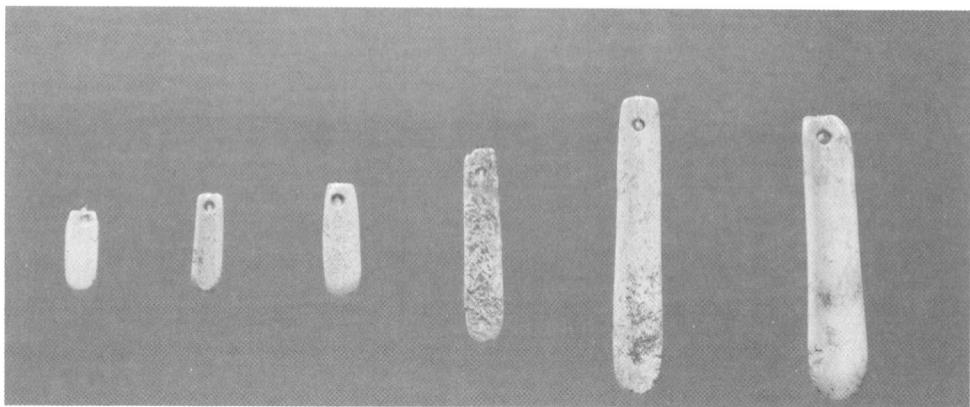

图 2-8 查海遗址
出土玉匕
（李国栋摄于辽宁
省博物馆）

的遗址中从来没出土过玉匕。因此，长江下游的玉玦
和石玦是否源自兴隆洼文化圈，还不确定。相比之下，
日本桑野遗址出土的玉玦倒是伴有玉匕，所以可以肯
定，兴隆洼文化圈应该是日本桑野遗址出土玉玦的文
化源头之一。

2002 年，韩国东海岸的江原道高城文岩里遗址出
土了一对 8000—5000 年前的圆盘形玉玦（图 2-9）。
从形态上看，与兴隆洼文化圈的圆盘形玉玦近似。笔

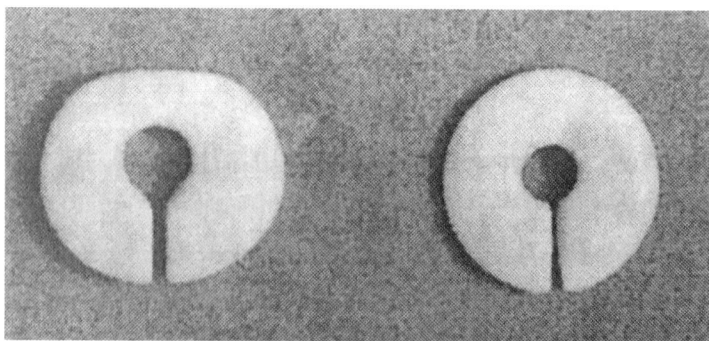

图 2-9 朝鲜半岛
的远古玉玦
（《环日本海玦饰
始源的基础性研
究》[1]）

① 藤田富士夫. 环日本海玦饰始源的基础研究［J］// 环日本海玉文化的
始源与展开. 敬和学园大学人文社会科学研究所,2004：9.

者推测，从朝鲜半岛东海岸到日本本州岛日本海一侧，应该有一条玉玦传播的海上通道。

日本玉玦研究专家藤田富士夫曾认为朝鲜半岛的玉玦是从日本传过去的。但是，当看到高城文岩里遗址出土的这对圆盘形玉玦后，他改变了想法，提出日本玉玦有两个文化源头——兴隆洼文化和河姆渡·马家浜文化。笔者基本同意他的意见。

其实，日本桑野遗址出土的玉玦比较复杂。除一些玉玦与兴隆洼玉玦近似外，也有一些玉玦接近长江下游的马家浜文化玉玦或河姆渡文化玉玦，而且长江下游与日本列岛之间，从 9000 年前起就存在一条海上通道——黑潮。

黑潮是一条巨大的暖流，春末夏初发源于菲律宾群岛东侧，由南向北流，流经台湾岛东侧后，从主流分出一条支流，称作"台湾暖流"，流向浙闽沿岸。"台湾暖流"受到舟山群岛阻挡，于是转向东流，这样便与黑潮的另一条支流"对马暖流"相接，然后流向日本九州岛北部和朝鲜半岛南部，最后进入日本海。其主流则流经日本九州岛南端，融入北太平洋环流，一直流向美国西海岸。

另外，中国东部一带的沿岸流是由北向南流，所以如果没有舟山群岛，仅靠人力划船是很难冲出沿岸流的。倘若冲不出沿岸流，也就根本去不了日本九州岛。但是，舟山群岛挡住了南下的沿岸流，使其转向东流。于是，江淮一带的稻作民便可以舟山群岛为跳板，顺利地冲出沿岸流，然后在舟山群岛东侧接上"台湾暖流"，继续东进，最后进入"对马暖流"或黑潮主流。笔者认为，这就是长江下游玉玦和石玦传入日本本州岛日本海一侧和九州岛南端的具体路径。

福井县桑野遗址出土的玉玦多达 85 枚，明显超出了个人使用范畴，所以我们可以将这些玉玦理解为交易品。也就是说，桑野遗址可能是日本玉玦的进口地以及日本列岛内的玉玦批发地。日本学者小林圭一就曾在其论文《关于山形县出土的玦状耳饰》中指出"北陆集团的北上"，即日本山形县的玉玦是从福井县一带传过去的。[1] 而福井县桑野遗址的海外交易对象，笔者推测应该就是长江下游和兴隆洼文化圈。

兴隆洼文化圈至日本列岛日本海一侧的传播路径留待日后研究，仅就长江下游与日本列岛日本海一侧的传播路径而言，长江下游的玉玦交易者在夏季出海，在舟山群岛东侧乘"台湾暖流"，然后接"对马暖流"，进入日本海。进入若狭湾后，洋流就会把船引向福井县桑野遗址一带。登陆后，他们应该是以玉玦与当地倭人进行物物交易，那当地倭人拿什么做交易呢？迄今为止几乎没有人探讨过这个问题，但笔者猜测，可能是当地盛产的优质玉石原料，包括优质蛇纹石等美石。

当然，交易完成后，长江下游的玉玦交易者并不能马上返回。因为返回也需要等待合适的洋流。在日本海靠近朝鲜半岛一侧有一条寒流，叫"里曼寒流"。里曼寒流秋末冬初发源于堪察加半岛西侧的鄂霍次克海，由北向南流，经鞑靼海峡进入日本海，并继续南流。因此，长江下游的玉玦交易者只有等到冬季才能乘里曼寒流返回。也就是说，每年只能往返一次，夏季去，冬季回。

当然，7000—6500 年前还没有大型木船，只有长 10 米左右、宽 0.5—1 米、深 0.2—0.4 米的独木舟。长江下游的跨湖桥遗址出土了 8000 年前的独木舟（图 2-10，残长 5.6 米、宽 0.53 米、深 0.2 米），田螺山遗址出土了 7000 年前的木浆（图 2-11），而在日本本州岛日本海一侧也出土了许多远古时代的独木舟和木浆。1981 年，福井县鸟滨贝冢遗址出土了绳纹前期（7000—5500 年前）的独木舟（图 2-12），京都府教育委员会也保存着日本绳纹前期的独木舟残部；福井县若狭湾历史民俗资料馆展示着绳纹前期独木舟的残部和

---

[1] 小林圭一.关于山形县内出土的玦状耳饰品［J］.公益财团法人山形县埋藏文化财中心研究纪要,2015（7）：20.

图 2-10　跨湖桥遗址出土的
独木舟
（李国栋摄于浙江省博物馆
武林馆区）

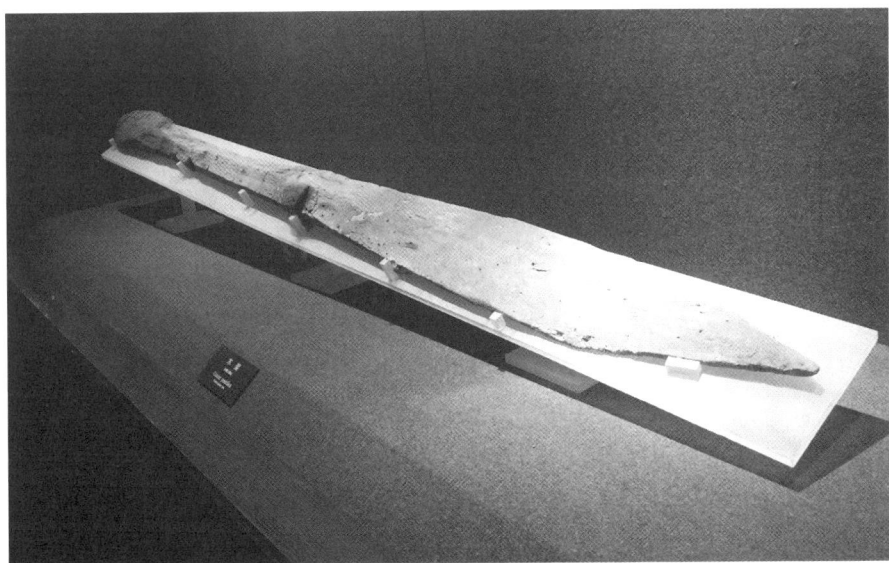

图 2-11　田螺山遗址出土的木浆
（李国栋摄于河姆渡遗址博物馆）

图 2-12　日本绳纹前期独木舟
（《鸟滨贝冢——绳纹人的时间舱》[①]）

图 2-13　日本绳纹晚期独木舟
（李国栋摄于新潟县立历史博物馆）

---

① 森川昌和. 鸟滨贝冢——绳纹人的时间舱[M]. 东京：未来社, 2002：彩图
　　"第一号丸木舟".

绳纹后期（4500—3300年前）的完整独木舟；新潟县立历史博物馆也展示着绳纹晚期（3300—2800年前）独木舟的残部（图2-13）。今天，也许我们会认为用独木舟远洋航行极其危险，甚至连想都不敢想。但是，长江下游和日本列岛出土的玉玦、石玦告诉我们，危险并不能阻挡长江下游与日本列岛之间的文化交流。

迄今为止，很多人认为中日两国的文化交流始于日本弥生时代（2800—1700年前）。但是，日本出土的绳纹早期末至前期的玉玦、石玦、独木舟、木桨以及黑潮和里曼寒流向我们证实，中日两国的文化交流一直可以追溯到7000年前。

至于玉玦的形态学意义，一些中国学者以兴隆洼文化及红山文化为主线，认为玉玦是龙，甚至有人认为它就是红山文化"玉猪龙"的祖形。但在笔者看来，它不是龙，是蛇。玉玦是耳饰，中国远古时代有"珥蛇"习俗，但从来没听说过"珥龙"。再说，红山文化的"玉猪龙"也不是耳饰。

《山海经·大荒东经》曰：

> 东海之渚中，有神，人面鸟身，珥两黄蛇，践两黄蛇，名曰禺䝞。（中略）大荒之中，有山名曰孽摇頵羝。上有扶木，柱三百里，其叶如芥。有谷曰温源谷。汤谷上有扶木，一日方至，一日方出，皆载于乌。有神，人面、犬耳、兽身，珥两青蛇，名曰奢比尸。[①]

引文中的"东海之渚"应该是指山东近海的某个岛。渚上的大神"禺䝞""珥两黄蛇，践两黄蛇"。从发音上看，这个"禺䝞"在文化脉络上应该与山东半岛海边的"嵎夷"相关。

---

① 山海经［M］.昆明：云南科技出版社,1994：137.

"大荒之中"的山应该是指海中遥远的日本列岛。《三国志·魏书·东夷传》"倭人"条曰："倭人在带方东南大海之中，依山岛为国邑。"可见三国时代以前，日本列岛是以"山岛"为中国人所认知的。

"大荒之中"有"孽摇頵羝"山，山上有"奢比尸"神，"珥两青蛇"。山上有"扶木"，山下有"汤谷"，可见山上的"扶木"与太阳有关，应该就是传说中的扶桑树。古时，日本被称为"扶桑国"，而"扶桑国"的"奢比尸"神又"珥两青蛇"。结合日本远古时代的玉玦耳饰，笔者认为"奢比尸"神所珥的两条青蛇，应该就是两个青玉制作的玉玦。

三 勾玉的起源

在日本，玉玦大致流行于7000—5300年前，以后则被勾玉取代。关于勾玉的起源，学界尚无定说。在兽牙上穿孔，然后将其作为项饰曾被认为是勾玉的起源。但近年来，越来越多的学者认为勾玉是玉饰的一种，应该在各种玉饰的演变交替中探求其起源。日本勾玉研究专家铃木克彦在其论文《绳纹勾玉——从曲玉到勾玉》中指出：

> 关于勾玉，自坪井正五郎倡导牙玉起源说以来，牙玉起源说几乎成为定说。但近年来，人们更加重视勾玉对玦状耳饰半边再利用的可能性，以及勾玉最早在玦状耳饰工玉遗址制作等事实。（中略）勾玉的起源是绳纹勾玉，而绳纹勾玉的源流是曲玉（弯曲，或有凹曲）。曲玉有两个系统，一个是从绳纹中期出现的翡翠曲玉，另一个是从绳纹前期开始出现的翡翠之外的滑石类曲玉。我们可以发现，曲玉的盛行与玦状耳饰的衰退相伴，所以作为曲玉产生的动机，两者相互联动的可能性应该很大。相反，从绳纹早期到绳纹晚期一

直都存在的牙玉对勾玉施加影响的可能性则
很低。①

　　以上引文中有三个重点：第一点，日本勾玉的源流
是曲玉，而曲玉最早出现在绳纹前期；第二点，玉玦
衰退与翡翠曲玉盛行相互联动；第三点，勾玉的起源
应该源自断裂玉玦的再利用，即"玉玦改造说"，与加
工兽牙无关。

图2-14　田螺山遗
址出土的玉玦与曲玉
（李国栋摄）

---

① 铃木克彦.绳纹勾玉——从曲玉到勾玉[J].季刊考古学,2004（89）:
25.

在玉饰流行的绳纹前期，滑石类曲玉也是存在的。仔细观察这个时期的滑石类曲玉，确实可以发现有些曲玉是由断裂后的玉玦改造而成的。

在中国也是如此。2018年11月，笔者去浙江省余姚市的田螺山遗址参观，在浙江省文物考古研究所孙国平研究员的特别关照下，有幸参观了田螺山遗址现场馆的库房，并在那里看到了一些玉玦和由断裂后的玉玦改造而成的曲玉（图2-14）。由此判断，曲玉的"玉玦改造说"是站得住脚的，而且由此我们也可以断定，始于绳纹前期的滑石类曲玉在形态学意义上也应该继承了玉玦的蛇意象。

四、勾玉的形态学意义

从绳纹中期起，日本出现了翡翠曲玉。材质的变化也带来了形态上的变化。首先，翡翠曲玉的一端开始变尖，新潟县丝鱼川市绳纹中期长者原遗址出土的曲玉就带有这种倾向。到了绳纹晚期前段（3300—3000年前），翡翠曲玉的形态已经大致接近定型勾玉，但仍有一些区别。

日本北部青森县著名的朝日山遗址，属于绳纹晚期。该遗址出土了头部带有尖嘴状的曲玉（图2-15），可以看出鸟的意象，但尾部仍然是蛇。这种曲玉应该是鸟与蛇的结合。

日本南部的九州岛唐津市有著名的宇木汲田遗址，该遗址始于绳纹晚期，弥生中期达到鼎盛。1930年，该遗址出土了15枚翡翠曲玉和定型勾玉，图2-16就是其中的一部分。图2-16中有定型勾玉（最大红圈中的勾玉，长4.9厘米），但也有非定型曲玉，还有非常接近定型勾玉但又尚未定型的曲玉，即图中下方红圈中的曲玉（2.3厘米）和图中左上方红圈中的曲玉（1.8厘米）。从形态上看，左上方红圈中的曲玉明显属于绳纹晚期或弥生早期，但下方红圈中的曲

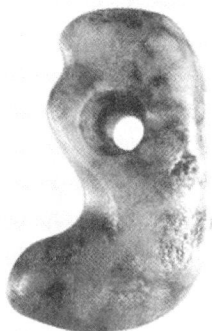

图 2-15　日本绳纹晚期勾玉
（青森县立乡土馆）

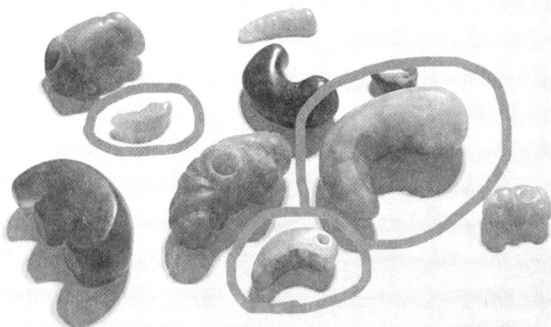

图 2-16　绳纹晚期至弥生中期的勾玉
（李国栋摄于菜畑遗址末卢馆）

玉应该介于绳纹晚期曲玉与定型勾玉之间，年代上可能属于弥生前期。如果将这 3 枚曲玉和勾玉作为一个时间系列来判断，我们就可以清楚地看到非定型曲玉在弥生中期演变为定型勾玉的变化过程。

　　另外，图 2-16 下方红圈中的曲玉和左上方红圈中的曲玉都继承了绳纹晚期翡翠曲玉的鸟头形，所以笔者认为，弥生中期以后虽然鸟嘴不见了，但定型勾玉中肯定依然包含着鸟信仰，而这层含义是滑石类绳纹曲玉所没有的。

　　1665 年，日本出云大社所管辖的命主社出土了一把弥生时代的铜戈和一枚翡翠定型勾玉（图 2-17）。经现代技术鉴定，其翡翠原料产自新潟县丝鱼川市的姬川。姬川古称沼河（奴奈川），由沼河比卖（奴奈川姬）统治，出云地区的大国主神（八千矛神）曾去沼河比卖处走婚，这就是此翡翠定型勾玉来到出云大社的历史背景。

图 2-17　命主社出土的翡翠定型勾玉
（李国栋摄于出云大社宝物馆）

　　笔者曾去绍兴博物馆参观。绍兴是古越国的都城，博物馆里展示着许多长江下游出土的文物，其中一件春秋时代的铜镈钟引起笔者的特别注意。其钮部呈三角形，上面铸满了鸟纹和勾玉纹（图 2-18）。

　　三角形钮部顶尖第一排有四个鸟纹，第二排两边各有一个鸟纹，第四排和第五排两边又各有一个鸟纹（图 2-18）。鸟纹都位于边缘，呈飞升状。而勾玉纹都位于中间，图 2-19 红圈内的都是典型勾玉纹。不过值得注意的是，这些勾玉纹身体上的纹样与鸟纹相似，而且形态也相通。另外，我们可以在钮部支架上发现许多由正三角形和倒三角形组合而成的蝮蛇纹（图 2-20，图 2-21）作为鸟纹和勾玉纹的背景纹样。由此我们可以知晓，蛇纹是勾玉纹的底色，而鸟纹是勾玉纹的升华。也正因为这个原因，笔者想把这铜镈钟钟钮上的勾玉纹称为"鸟蛇勾玉纹"。

　　按照新的"弥生时代公元前 10 世纪起始说"[①] 判断，春秋时代正好相当于日本弥生时代前期和中期。在春秋战国时代的战乱中，曾有大量的吴越王室贵族战败后逃往日本列岛避难，文献记载的吴泰伯之后入海为倭等都可视为例证。在这一背景下，鸟蛇勾玉纹也自然会传入日本，并非常有可能对同时代的日本勾玉产生影响。

　　程海芸曾在其论文《日本铜镜、铜剑、勾玉的外来性与本土化》中援引日本富雄丸山古坟出土的石制琴柱上的飞鸟形勾玉，指出日本弥生中期的定型勾玉中包含鸟信仰[②]。虽然该古坟本身年代为 4 世纪后期，但勾玉的形态与弥生中期的定型勾玉完全相同，所以确实可以作为弥生中期定型勾玉中包含鸟信仰的证据。不过，如果把视野扩展到长江下游的话，我们就会发现春秋时代的"鸟蛇勾玉纹"具

---

① 2003 年 5 月，日本国立历史民俗博物馆运用碳十四加速器年代测定法，对弥生时代早期陶器表面的炭灰进行检测，然后再参照"校正曲线"，提出了"弥生时代公元前 10 世纪起始说"。藤尾慎一郎 . 弥生时代的历史［M］. 东京：讲谈社，2015：7-13.
② 程海芸 . 日本铜镜、铜剑、勾玉的外来性与本土化［J］. 日语学习与研究，2019 年（4）：13.

图 2-18　春秋镈钟钮部鸟纹
（李国栋摄于绍兴博物馆）

图 2-19　春秋镈钟钮部勾玉纹

（同图 2-18）

图 2-20　春秋铸钟钮部蝮蛇纹

（同图 2-19）

图 2-21　蝮蛇三角纹

（百度图片）

有更强烈、更直接的证据性。在中国春秋时代到日本古坟时代这个大跨度历史背景下，我们可以更加清晰地看到日本弥生中期定型勾玉产生的必然性，及其所蕴含的鸟蛇一体性。

五、“三种神器”的地域性考量

几百年后，承载着鸟蛇信仰的定型勾玉被神圣化为“八坂琼曲玉”，成为日本天皇的“三种神器”之一。其他两种“神器”是铜制“八咫镜”和铜制“草薙剑”。日本考古学界公认，九州岛北部弥生前期末至弥生中期初的吉武高木遗址最早出土了“三种神器”，但此说法不够准确。客观地说，那时还没有“三种神器”这一概念，只是在该遗址出土的众多遗物中，既有铜镜和铜剑，也有勾玉，与以往不同的是这三样礼器第一次从同一个遗址出土而已。

九州岛北部的丝岛半岛有弥生后期的“平原遗址”，该遗址出土了五面直径达46.5厘米的超大型连弧纹（内行花纹）铜镜（图2-22）。从纹样上看，它们是典型的西汉连弧纹铜镜，镜背内区有八角连弧纹，象征太阳。但根据日本考古学家的考察，这五面超大型铜镜并非中国制作，而是日本仿制的。

从绳纹时代起，日本就有将中国传来的实用器大型化，使其上升为礼器的传统。例如，九州岛南端的上野原遗址出土了7000—6500年前的大型陶制耳珰（图2-23）；本州岛北部秋田县上掵遗址还出土了巨型石锛，最长一把长60.2厘米、重4.4公斤（图2-24）。而且这一传统一直延续到弥生后期，被用在了铜镜上。当然，在作为礼器的铜镜选择上，我们可以清楚地看到弥生人对于西汉连弧纹铜镜的偏好，辽宁、朝鲜半岛系统的多钮斜纹镜此时则被忽视了。

“三种神器”之一的“八咫镜”至今供奉于伊势神宫内宫，秘不示人。但是，从弥生后期对于连弧纹铜镜的崇拜推断，“八咫镜”应该

图 2-22　直径 46.5 厘米的仿西汉连弧纹铜镜
（《日本美术全集 1　原始造型》[①]）

---

① 横山浩一，铃木嘉吉，辻惟雄，等.日本美术全集 1　原始造型——
绳纹、弥生、古坟时代的美术［M］.东京：讲谈社，1994：彩图 94.

图 2-23　大型陶耳珰
（李国栋摄于日本上野原绳纹之林展示馆）

图 2-24　大型石锛
（李国栋摄于日本秋田县立历史博物馆）

就是"八连弧铜镜"，这也与伊势神宫神官所记录的"八头花崎八叶形也"（《伊势二所皇太神宫御镇座传记》）相符。所谓"八咫"，应该是指镜背有八个"一咫"（一咫为食指与中指张开时的宽度）长的连弧纹相互连接，可知"八咫镜"是一面很大的铜镜。

实用器的礼器化不仅限于铜镜，铜剑也是如此。九州岛北部的吉武高木遗址出土了日本最早的铜剑，样式为"细形铜剑"（图2-25），属于辽宁式铜剑系统，应该是经朝鲜半岛传入的实用性武器。不过，从弥生中期起"细形铜剑"开始大型化，逐渐演变成祭祀用的"中细形铜剑"。笔者曾在日本福冈市博物馆看到八田遗址出土的"中细形铜剑"铸模，以及现代用其铸造出来的铜剑（图2-26）。

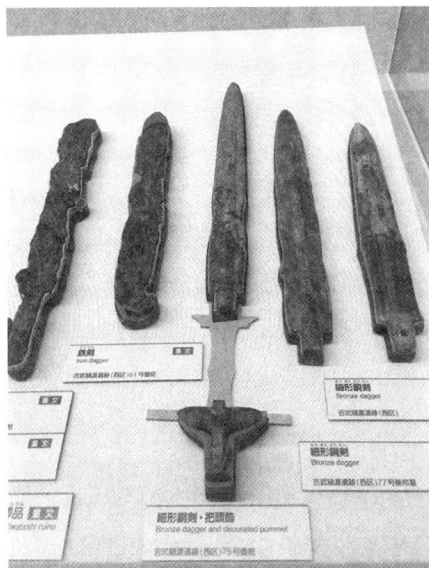

图2-25　吉武高木遗址出土的细形铜剑
（李国栋摄于福冈市博物馆）

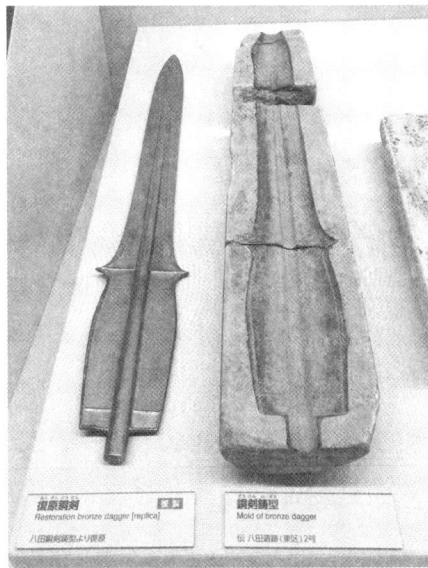

图2-26　中细形剑铸模及现代复制剑
（同图2-25）

当然，日本弥生时代的铜剑有两个文化源头，即朝鲜半岛和长江下游。但是，将武器剑大型化为礼器剑的都是由朝鲜半岛传入的辽宁式铜剑，长江下游的越式剑则止于武器层面，没有向礼器方向演变。

"三种神器"之一的铜剑被称作"草薙剑"，现供奉于日本本州岛名古屋市的热田神宫，也是秘不示人。但是，江户时代的神官曾私下观察过，并留下了简单记录：

> 御神体长二尺七寸许，刃锋呈菖蒲叶形，中间凸起，有厚度，剑根部六寸处有节，如鱼脊骨，色全白。①

这把铜剑锋似菖蒲叶，中间凸起，有厚度，剑根部六寸处有节，两边有鱼骨刺。铜剑的礼器化始于弥生中期，而须佐之男命斩八岐大蛇取"草薙剑"，正是以弥生中后期的出云地区原始湿地稻作为背景的。因此，供奉在热田神宫的"草薙剑"应该就是祭祀用"中细形铜剑"。

铜镜的礼器化选择中国铜镜，表示太阳信仰；铜剑的礼器化选择朝鲜铜剑，表示蛇信仰。在这里，我们可以清楚地看到地域上的考量，即铜镜代表中国大陆，铜剑代表朝鲜半岛。

那么，勾玉又代表哪里，象征什么呢？笔者认为，定型勾玉代表日本本土，即绳纹时代以来的文化传统。其中包含的鸟意象象征太阳，蛇意象则表示蛇信仰，所以在信仰层面，定型勾玉所显示的恰好是铜镜与铜剑的组合。

既然定型勾玉所显示的是铜镜与铜剑的组合，并没有添加新的要素，那"神器"中为什么还要加入定型勾玉呢？的确，如果单从信仰

---

① 神道知识［N/OL］.https://shinto-bukkyo.net/shinto/.

上讲，天皇有"八咫镜"和"草薙剑"这两种"神器"就足够了。《日本书纪》描写天皇即位时，一般只说奉上"镜剑玺符"（继体天皇段）或"神玺剑镜"（持统天皇段），而不见奉上勾玉。因此，学术界普遍认为定型勾玉成为"三种神器"之一是很晚的事，天皇原本只有"两种神器"——铜镜和铜剑。

但是，勾玉毕竟代表了绳纹时代以来的尚玉传统，而且在东亚范围内也只有日本出产翡翠。换句话说，翡翠材质具有鲜明的本土性。因此笔者推测，定型勾玉最终成为"三种神器"之一也是出于地域性考量，即以铜镜代表中国大陆，以铜剑代表朝鲜半岛，以定型勾玉代表日本本土。

既然定型勾玉可以代表日本本土，那有定型勾玉和没有定型勾玉就完全不一样了。有了它，天皇就可以昭示天下，他君临日本不仅有中国大陆和朝鲜半岛的支撑，也有日本本土的支持。天皇家族原本外来，所以当外来的天皇将要统治整个日本列岛的时候，获得日本本土的支持则格外重要，而定型勾玉在"三种神器"中所显示的，正是这一点。

第三章

红漆角栉

一 漆之源

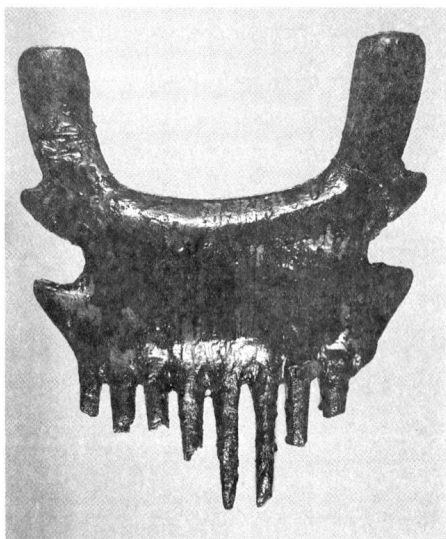

图 3-1　红漆角栉
（《鸟滨贝冢——
绳纹人的时间舱》[1]）

1975 年 8 月，日本福井县若狭湾的鸟滨贝冢遗址出土了一把绳纹前期（7000—5500 年前）的红漆角栉（图 3-1）。

北海道惠庭市 Karinba 遗址、青森县八户市是川遗址、岩手县盛冈市荢内遗址、埼玉县后谷遗址也都出土过红漆梳栉，但年代皆为绳纹后期或晚期。因此，鸟滨贝冢遗址出土的绳纹前期的红漆角栉，一举把日本开始使用漆器的年代向前推进了 2000 多年。

红漆角栉的红漆由何而来，这确实是个问题。2001 年 8 月，北海道函馆市垣岛 B 遗址出土了一块漆织物，其碳十四加速器年代距今约 9000 年。但是，

---

① 森川昌和. 鸟滨贝冢——绳纹人的时间舱［M］. 东京：未来社，2002：彩图"赤色漆涂栉".

这个年代与传统的碳十四年代之间存在很大差异，所以需要与长江下游的漆树生长环境及漆器年代进行比对。

漆树的生长需要温暖湿润的环境，而长江下游的气候从寒冷干燥变成温暖湿润的时间远比日本北海道早。在长江下游，碳十四年代8000年前的杭州萧山跨湖桥遗址出土了漆树科南酸枣的种子和涂漆木弓，8000年前的余姚市井头山贝丘遗址也出土了漆树树种。由此推测，8000年前应该就是长江下游的"内越"人开始使用漆器的初始年代。

黑潮支流"对马暖流"在碳十四加速器年代9000年前才穿过对马海峡，逐渐把日本列岛日本海一侧寒冷干燥的气候改变成温暖湿润的气候，所以碳十四加速器年代9000年前的北海道函馆一带根本就不具备漆树生长的条件。因此从这个意义上讲，垣岛B遗址出土漆织物的碳十四加速器年代并不能证明日本使用漆器比中国长江下游早。如果用同样的设备测量跨湖桥遗址出土的南酸枣种子或涂漆木弓，测出的年代很可能会接近甚至超过10000年前。

浙江省余姚市的河姆渡遗址和田螺山遗址都出土了7000年前的漆器（图3-2、图3-3），有红漆和黑漆两

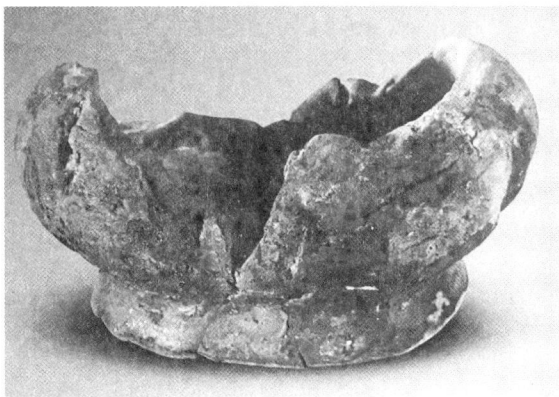

图3-2　河姆渡遗址出土的红漆木碗（《河姆渡文化精粹》[①]）

---

① 河姆渡遗址博物馆.河姆渡文化精粹［M］.北京：文物出版社，2002：59.

图 3-3　田螺山遗址出土的黑漆木筒
（李国栋摄于河姆渡遗址博物馆）

图 3-4　鲻山遗址出土的红漆木筒
（同图 3-3）

种。同属河姆渡文化的鲻山遗址也出土了 6400—5500 年前的红漆漆器（图 3-4）。日本绳纹时代的漆也是红、黑两种，显示出与长江下游的一致性。

另外，福井县鸟滨贝冢遗址绳纹前期文化层出土了大量的葫芦、牛蒡、绿豆和苏子，而这些植物的原生地都在长江下游。这些非日本列岛原生的植物其实也在告诉我们，日本漆树的种子肯定是在绳纹前期与这些植物一起由长江下游传入的。

三、梳栉的交流

日语称"梳栉"为"kushi"。日本权威词源辞典《新编大言海》认为，"kushi"的本义与含义为"串"的"kushi"相通，来自朝鲜语[①]。但是，鸟滨贝冢遗址出

---

① 大槻文彦．新编大言海［Z］．东京：富山房，1982：573.

土的红漆角栉有两根长角，让人联想到水牛角或鸟翅。

在绳纹前期，日本列岛还没有稻作农耕，所以不可能有水牛崇拜或鸟崇拜。相反，在 7000—5000 年前，长江下游的"内越"人已经普遍种植水稻，并拥有了丰富的梳栉文化，马家浜遗址出土的象牙梳栉、良渚遗址出土的 28 件三叉形器（图 3-5）和 60 余件"玉梳背"（图 3-6）都可视为佐证。另外，本书第二章已经指出，长江下游与福井县若狭湾之间有黑潮支流"对马暖流"相互连接。

福井县有一个市叫"tsuruga"，汉字作"敦贺"。"tsuruga"是"tsunoga"的音转，而"tsuno"即"角"，"ga"表示"地方、处所"，所以"tsuruga"（tsunoga）即"角地"。

有人认为，这个地名显示出敦贺市一带像"角"一样突向日本海的地形特点，但从敦贺市到小滨市的若狭湾一带有许多突向日本海的角地，为什么只有敦贺市一带被称为"角地"呢？所以仅凭地形还不足以说明"tsuruga"（tsunoga）的起源。不过，现在鸟滨贝冢遗址出土的角栉给我们提供了一个重要启示，即"tsuruga"（tsunoga）这个地名很可能与头插角栉的"内越"人在此登陆有关。

日本列岛日本海一侧有许多与梳栉相关的地名。在日本海西南入口处的对马岛上有"峰町栉"，在岛根县益田市有"栉代贺姫神社"，太田市和松江市还各有一个"栉岛"，在福井县敦贺市还有"栉川"和"栉林"。这些地名中的"栉"都读"kushi"，地形或为岛屿，或在河口附近，在地图上明显连成一线。当头插角栉的"内越"人从长江下游渡海而来的时候，这些地方恐怕都曾是他们的中转地或登陆地。

无论古代还是现代，人们在航海的时候都会把岛屿作为中转地，选择河口附近登陆，所以笔者推测，头插角栉的"内越"人就是利用对马岛和岛根县的这些中转地到达福井县敦贺市一带，并在"栉川"河口附近登陆的。此后，这些"内越"人便在周边定居下来，并开始经常出没于树林之中，于是就有了"栉林"这个地名。总而言之，把

图 3-5 良渚三叉形器
（李国栋摄于良渚博物院）

图 3-6　良渚玉梳背

（同图 3-5）

"tsuruga"（tsunoga）、"栉川"和"栉林"等地名与鸟滨贝冢遗址出土的红漆角栉结合起来考虑，福井县敦贺市一带应该就是日本列岛最早接受涂漆装饰梳栉的地方。

福井县东临石川县，石川县轮岛市自古就是著名的漆器产地。当地有"栉比神社"（图3-7），还有许多人以"栉比"为姓，由此亦可知梳栉与漆器的必然联系。

石川县以东各县也都有"栉"字地名。富山县有"栉田"，新潟县有"栉笥"，山形县、秋田县、青森县还各有一个"栉引町"。"栉引町"这个地名值得特别注意。梳栉文化首先由长江下游传到福井县的若狭湾，然后再向东北方向逐渐扩散，所以从接受方来说，山形、秋田、青森三县的日本倭人自然是把梳栉作为先进文化加以引进，于是就有了"栉引"这个行为。"栉引"中的"引"是动词，有拉、拽、牵引、引进等含义，按照日语动词后置于宾语的语序理解，"栉引"就是"引进梳栉文化"。所以我们可以肯定，梳栉文化就是这样在日本逐渐扩展开来的。

当然，在日本其他地区也有许多"栉"字地名。

宫城县：马栉（大崎市）、栉挽（柴田郡）

福岛县：栉峰（耶麻郡）

群马县：发栉山（群马郡）

埼玉县：栉引町（埼玉市北区和大宫区）、栉引、栉挽（深谷市）

东京都：栉形山（大岛町）、栉峰（神津岛村）

山梨县：栉形山（南巨摩郡）

静冈县：村栉町（滨松市）

岐阜县：生栉町（美浓市）

三重县：栉田町（松阪市）

奈良县：栉罗（御所市）

京都府：栉笥（京都市上京区和下京区）

图 3-7 栉比神社

(http://wajimanavi.lg.jp/www/view/detail.jsp?id=946)

大阪府：栉屋町（堺市）、玉栉（茨城市）

兵库县：栉田（佐用郡）

香川县：栉梨町（善通寺市）

德岛县：栉木（鸣门市）、栉渊（小松市）

高知县：栉鼻（冲之岛）

爱媛县：栉生（大洲市）

广岛县：栉宇根（江田岛市）、今栉山（庄原市）

山口县：栉滨（周南市）

福冈县：栉原町（久留米市）

佐贺县：栉田宫（神崎市）

熊本县：栉山（日奈久马越町）

大分县：栉野（宇佐市）、栉来、栉海（国东市）

宫崎县：栉津町（延冈市）

以上各县的地名虽有新旧之分，起源也不尽相同，但放在绳纹前期以来的历史长河中观察，我们仍然可以发现一些重要信息：

（1）宫城县的"栉挽"和埼玉县的"栉引""栉挽"日语同音同义，都是青森县"栉引"的延续，反映出日本各地争相引进梳栉文化。

（2）意为"栉山""栉峰"的地名比较多，由此可知梳栉普遍戴在人们的头顶，已经成为人们用来比喻山峰的熟知器物。

（3）"栉海""栉滨""栉津""栉来"等地名告诉我们，在古代，头插装饰梳栉的"内越"人是从海上来的，他们给当地带来了先进文化。但是，"栉梨町"这个地名则相反，按照日语同音假借规则，"栉梨"（kushinashi）与"栉无"同音，即"没有梳栉"。头插装饰梳栉的人去了别的地方，为什么不来我们这里呢？——"栉梨"所反映的正是当地人的这种焦虑。

（4）"栉田""栉原""栉野""栉生""生栉"等地名都与稻田相关，可知头插装饰梳栉的"内越"人给日本带来了稻作文化。

（5）"栉笥"和"栉屋"是梳栉开始在市场上销售以后出现的地名，与远古时代无关。

总而言之，（1）—（4）反映了绳纹前期以后装饰梳栉在日本列岛的传播。不仅是绳纹前期，包括整个弥生时代梳栉文化都一直在日本列岛传播。由此可以想象，在绳纹晚期乃至整个弥生时代，稻作集团的首领恐怕都是头插装饰梳栉的。

古代梳栉文化与现代梳栉文化最大的不同，就是古人用梳栉作装饰，而现代人用梳栉梳头。在中国，云贵山地的苗族、侗族等少数民族至今保留着完好的装饰梳栉文化。重大祭祀时自不用说（图3-8），即使普通外出（图3-9），甚至去田里干农活（图3-10），她们也用梳栉把发髻挽起并固定好，而她们的祖先都曾在长江下游居住过。这就不能不让人联想到日本装饰梳栉与中国苗族、侗族等少数民族装饰梳栉之间的文化关联性。笔者觉得，仅以中日两国的装饰梳栉为主题，就能写一本厚厚的专著。

三、"栉"（kushi）与"越"（koshi）

福井县敦贺市一带从绳纹草创期起就有"外越"人聚居，而"外越"与"内越"同根同祖，所以"外越"人接受"内越"文化并不困难。而且从本书第二章论及的玉玦中可以看出，日本福井县若狭湾一带从7000—6500年前起就与长江下游有交流。

其实，日本福井县至新潟县一带古时被称为"koshi"，汉字作"越"。在发音上，"koshi"和"kushi"（梳栉）很像。"kushi"是名词，但它与一音之差的动词"kusu"相通，"kusu"的汉字也是"越"。从日语名词与动词的变化规律来看，"梳栉"含义的"kushi"应该是"kusu"（越）这个动词的名词形态。

日语中还有一个动词叫"kosu"，与"kusu"的发音接近，汉字

图 3-8 贵州镇宁苗族"夜郎竹王节"祭祖仪式，女孩的长发盘在竹梳枑上

（杨敬娜摄于贵州镇宁县）

图 3-9 苗族女孩发髻上的装饰梳枑

（安红摄于贵州兴仁市屯脚镇鲤鱼村）

图 3-10 苗族妇女头上的装饰梳枑

（李国栋摄于贵州丹寨县扬颂村）

也作"越"。"kosu"这个动词也有一个名词形态，叫"koshi"，汉字仍然作"越"，而后来这个"koshi"（越）则变成了指代福井县到新潟县一带的古地名。

在音韵学意义上，"ku"与"ko"互为音转，所以我们可以认定，"kusu"与"kosu"同源。既然如此，它们的名词形态"kushi"和"koshi"也必然相通。也就是说，"koshi"（越）这个古地名本质上与"kushi"（梳栉）有关。"kusu"的含义是"让对方（送）过来"，"kosu"的含义是"越过边界或障碍前行"，从这两个词的含义推测，"越"这个古地名肯定是在"内越"人渡海，将梳栉文化带到日本"越"地区后形成的，其中既包含"内越"人渡海的艰辛，也显示出"内越"与"外越"的特殊关系。

随着时代推移，日本"越"地区与地理相连的山形县、秋田县和青森县逐渐形成了一个"越"文化圈。这个文化圈包含三个比较大的海湾——福井县的若狭湾、富山县的富山湾和青森县的陆奥湾，而根据考古发掘，这三个海湾都曾是日本"越"文化的中心。其中最著名的就是陆奥湾的三内丸山遗址（图3-11）。

三内丸山遗址是绳纹前期中段至绳纹中期末段的遗址，面积达40万平方米。遗址出土了各种建筑遗迹，包括住房、仓库、集会所和大型立柱望楼，而且还出土了漆器、翡翠大珠、滑石类石玦和陶制耳珰。漆器也是红、黑两色，显示出与长江下游的一致性。石玦为三角形和椭圆形，在日本的各种玉玦、石玦中属于出现较晚的类型。

另外，日本著名环境考古学家安田喜宪发现，三内丸山遗址已经对板栗树进行了半栽培化管理[1]，可见这时"外越"人已经萌生了栽培意识。稻作农耕从长江下游传入日本九州岛北部是在公元前10世

---

[1] 安田喜宪. 稻作渔猎文明——从长江文明到弥生文化[M]. 东京：雄山阁，2009：289.

图 3-11　三内丸山遗址

（aptinet 青森观光信息网）

纪，而从九州岛北部传入"越"（koshi）文化圈最北端的青森县则是在公元前 4 世纪前期①。从那时起，日本"越"（koshi）文化圈就一直保持着古老的稻作农耕传统，今天全日本乃至全世界最好吃的稻米"越光米"（koshihikari）就产于新潟县的南鱼沼市。

越光稻的谷粒形状很像糯稻（图 3-12），但它是粳稻。因此从本质上讲，"越光米"好吃，主要是因为它实现了粳稻的糯稻化。当然，好吃就必然贵，所以甚至在日本，"越光米"都可以作为珍贵的伴手礼（图 3-13）送给亲戚朋友。现在，在北京或上海，2 公斤一袋的进口"越光米"可以买到 150—200 元人民币，

---

① 藤尾慎一郎. 弥生时代的历史［M］. 东京：讲谈社，2015：96.

图 3-12 越光稻
（李国栋摄于新潟县南鱼沼市汤泽町）

图 3-13 越光米伴手礼
（同图 3-12）

有些人开玩笑说，"越光米"就是"月光米"，如果天天吃"越光米"，每月肯定就变成"月光族"了！

其实，中国东北等地也引进了"越光米"稻种，可就是种不出日本"越光米"的味道。在日本，种植"越光米"有严格的要求。例如，每平方米只种 18 株稻，每株稻只保留 21 个稻穗，每个稻穗保证有 79 粒稻谷，出米率要达到 83%，糙米重量每千粒 21.7 克，等等。但是，中国还无法做到如此精细化种植。

不过，日本"越光米"这一品牌中带有"越"字，还是不时让人想起长江下游。

第四章

刻画纹石钺与黑齿

一、刻画纹石钺的出土

远古时代，日本列岛日本海一侧是中日文化交流的中心。

图4-1 日本刻画纹石钺
（《绳纹时代的外来文化——刻画纹有孔石斧及其周边》[①]）

日本海一侧的山形县有一座羽黑山，在羽黑山西麓有著名的中川代遗址，曾出土过一件中国石钺（图4-1）。该石钺高12.5厘米、厚1厘米，刃宽7.6厘米，由上等蛇纹石制成，表面打磨光滑，圆孔下方刻有类似甲骨文的刻画纹。在日本，每当论及绳纹时代的外来文化，这件刻画纹石钺都会受到特别关注。

中川代遗址属于绳纹中期。1966年6月，羽黑中学教师梅本成视在该遗址发现了这件刻画纹石钺。但是，直到1994年8月考古学家浅川利一看到它，世间

---

① 浅川利一，安孙子昭二.绳纹时代的外来文化——刻画纹有孔石斧及其周边［M］.东京：雄山阁，2002：卷首彩页.

并不知道它的存在。

> 看上去形状很特异，材质有斑纹，对圆孔的开钻法、位置以及圆孔周围的白色附着物我都一一作了观察。那些附着物到底是什么东西呢？还有，用锐利的工具刻画出来的甲骨文似的符号又是什么意思呢？这件石器似乎与绳纹文化的任何品类都不相关，它给我的感觉是，它并非来自朝鲜半岛，而是来自中国，而且不知为什么，我总觉得它带有中国北方的文化特征。[①]

浅川氏已经预感到这件刻画纹石钺的特殊意义。于是，1994年9月，他按实际尺寸拍下照片，托人去中国征求中国学者朱延平、徐天进和张忠培的意见。三位学者认为，这件刻画纹石钺应该是大汶口文化或良渚文化的产物。1997年6月，浅川氏又向蔡凤书征求意见。蔡氏告诉他，这件刻画纹石钺是大汶口文化的产物，有可能制作于山东，然后渡海传到对岸的辽宁，再后则沿朝鲜半岛渤海一侧南下，最终传入日本。同年9月，浅川氏又携带这件石钺的复制品访问上海博物馆，直接向副馆长黄宣佩征求意见。

> 圆孔也是采用了两面开钻的方法，确实是中国古代的石斧。它的石质在中国叫板岩或页岩，与良渚文化稍有不同。良渚石斧是上平下弯，断面亦平，用管钻开孔。这件石斧恐怕比良渚文化古老，应该属于马家浜文化。另外，它还具有黄河下游大汶口文化，而且是大汶口文化中期以前的特征。[②]

---

① 浅川利一，梅本成视.山形县绳纹遗址出土的中国古代的有孔石斧[J]//浅川利一，安孙子昭二.绳纹时代的外来文化——刻画纹有孔石斧及其周边.东京：雄山阁，2002：38.
② 浅川利一，梅本成视.山形县绳纹遗址出土的中国古代的有孔石斧[J]//浅川利一，安孙子昭二.绳纹时代的外来文化——刻画纹有孔石斧及其周边.东京：雄山阁，2002：45—47.

以上是黄宣佩的意见。征求过许多中国学者的意见以后，浅川氏终于确信这件刻画纹石钺具有不同寻常的意义，从而产生了探究其"政治背景"和"航海技术"的想法。

二 刻画纹石钺的含义及其年代

关于这件刻画纹石钺的文化背景，中国的几位考古学家提到了马家浜文化、大汶口文化和良渚文化。不过，从形制上看，这件刻画纹石钺还与中国内蒙古东南部及西辽河流域的红山文化晚期的有孔石斧相似。因此，仅仅依靠形制我们还不能确定其文化所属。另外，这件石钺上有类似甲骨文的刻画纹，但上述几种文化都是无文字文化，这也给确定这件石钺的年代带来了不少困惑。

中川代遗址所在的山形县属于日本"越"文化圈，而绳纹中期的"外越"又与长江下游的"内越"交往甚密。因此，要想揭示这件刻画纹石钺的秘密，我们就有必要结合长江下游的"内越"文化，在"内越"与"外越"的交流中对其进行探究。

在长江下游，石钺本是一种工具，在良渚文化时代才被神圣化为礼器，玉钺则是其代表。"越"字是"走＋戉"，可见越族就是"持戉而走"，以"戉"开辟疆土的民族。"戉"是"钺"的本字，本无"金"字旁，但后来铜钺普及开来，"戉"就变成了"钺"。良渚遗址群反山遗址出土了一件雕有良渚神徽（神人兽面纹）的大玉钺（图4-2），高17.9厘米，厚0.8厘米，肩宽14.4厘米，刃宽16.8厘米，是军权，即军队最高统帅的象征。

但是，中川代遗址出土的是石钺，而不是玉钺。在良渚遗址群，只有埋葬王公贵族的大型墓葬才会出土玉钺。石钺则不同，即使不是王公贵族的大型墓葬，也会出土石钺，而且有的墓葬可以出土许多件石钺，可知石钺具有不同于玉钺的意义和用途。

图 4-2 良渚反山墓地出土的大玉钺
（《反山（下）》[1]）

---

[1] 浙江省文物考古研究所.良渚遗址群考古报告之二 反山（下）[C].北京：文物出版社,2005:
彩版 298.

关于日本中川代遗址出土石钺上的刻画纹"👾"，有人曾解读为甲骨文"生"，但笔者认为，这个"👾"是甲骨文"之"与"生"的合体字。"之"的甲骨文是"𐔲"，而石钺上的刻画纹"👾"比"𐔲"多两个笔画，这两个枝状笔画其实就是在"之"上叠加了"生"的结果。也就是说，甲骨文"之"是这个刻画纹的基本形，在此之上叠加甲骨文"生"，就变成这个刻画纹。

"之"有动词、代词和助词三种词性，而石钺刻画纹中的"之"应该作动词解，意思是"去"。因为"之"刻在"戉"上，所以可以理解为"之戉"，即"去越"。"之戉"的意思成立以后，再加上一个"生"字，于是刻画纹的整体含义就变成了"之戉（越）而生"，即只有去"越"这个地方才能生存下来。从这个意思推断，这件刻画纹石钺很像是某人逃亡前得到的信物，逃亡的目的地是"越"，只有到达那里，他才能生存下来。

那么，"之戉（越）而生"的"越"又是指哪里呢？这件刻画纹石钺出土于日本山形县，所以这个"越"指的肯定是包括山形县在内的日本"越"文化圈。本书第一章和第二章已经论证过"内越"与"外越"的同源性以及7000—6500年前开始的远洋交易，所以从这一历史背景推断，持有"之戉（越）而生"石钺的逃亡者应该是"内越"人，他拿着这件石钺来到日本"越"文化圈投靠"外越"，"外越"人看到这件石钺后便收留了他。于是，这件石钺便留在了中川代遗址。

从5000年前起，"内越"人聚居的杭州湾出现了良渚古国，"外越"文化圈内的新潟县丝鱼川市一带出现了"沼河姬"（nunakawahime）[1]。这两个政权都很重视玉。"沼河姬"的"沼"日语读"nu"，含义为"玉"（图4-3），所以"沼河"即"玉河"，"沼

---

[1] "沼河姬"见于《古事记》中，是出云国大国主神的妻子。但是，沼河姬源自当地古老传说，有当地古神社奴奈川神社为证。由此推测，沼河姬很有可能是一个世袭名称，历代统治沼河的女王都叫"沼河姬"。至于首代沼河姬的年代，笔者认为可以追溯到绳纹中期，即日本尚处于母系氏族阶段的5000年前。

河姬"即统治这条"玉河"的
女王。

笔者认为，两地同时诞生重
视玉文化的政权并非偶然，应该
是基于共同的玉料需求。虽然现
在还没有考古学实证，但笔者推
测，两个政权之间应该有过大规
模的玉料交易。政权间的交易是
有组织的，而有组织的交易则需要身份认证。良渚遗
址群和日本"越"文化圈出土的大量石钺和毫无使用痕
迹的石斧，恐怕就是"内越"人和"外越"人做交易时的
身份凭证。

图4-3　日本"越"
文化圈的软玉
（李国栋摄于新潟
县丝鱼川市地质断
裂带博物馆）

在良渚遗址群，有些墓陪葬了几十件石钺，这一现
象不好理解。但是，如果从"内越"和"外越"的远洋交
易这一背景思考，这些墓主人很可能就是与"外越"做
玉料交易的优秀航海人，石钺的数量记录了他们渡海往
来的次数。每成功一次，便得到一件石钺，得到的石钺
越多就越光荣。因此，当优秀航海人去世时，其家人就
会把这些石钺（图4-4）悉数陪葬，以此来彰显逝者的
荣光。笔者推测，这恐怕就是一个墓葬陪葬几十件石钺
的原因。

4200年前，良渚古国突然消失，"内越"与"外
越"的玉石交易做不下去了。关于良渚古国突然消失的
原因，有学者认为是由于洪水淹没[1]。但是，4200年
前正值气候寒冷期，降水减少，水位下降，所以大环

———————

[1] 良渚博物院第一展厅的电子展示屏解说。

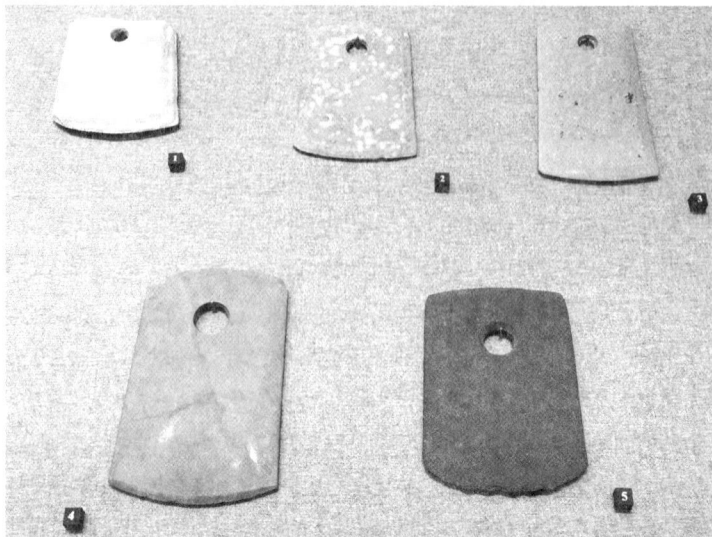

图 4-4　良渚石钺
（李国栋摄于良渚
博物院）

境并不支持洪水淹没说。也有学者认为是宗教的极端
化[①]，但宗教的极端化是一个渐进而漫长的过程，并不
能视为良渚文化突然消失的原因。

　　根据稻作考古、苗族古歌以及汉语文献资料，良渚
古城的消失很可能是由于蚩尤九黎稻作联邦与华夏炎
黄联盟的冲突。蚩尤被杀，追击蚩尤残部而南下的黄
帝军团摧毁了良渚古城。

　　在军事打击到来之时，良渚古国有钱有势的人自
然想逃往别处避难，而与"外越"有交易关系的自然会
选择逃亡日本"越"文化圈。笔者推测，山形县中川代
遗址出土的这件刻画纹石钺就是在这个背景下被"内
越"的逃亡者带过去的。从年代上看，良渚古国灭亡的
4200 年前相当于绳纹中期末段（碳十四年代），正与

---

① 赵辉.良渚文化的若干特殊性——论一处中国史前文明的衰落原因[J]
　　//浙江省文物考古研究所.良渚文化研究——纪念良渚文化发现六十
　　周年国际学术讨论会文集.北京：科学出版社，1999：116.

这件刻画纹石钺的年代相符。

笔者推测，这个逃亡者的父亲长年与"外越"做玉石交易，在日本"越"文化圈有很多朋友。不过，在良渚古国即将灭亡的时候，他年事已高，已经没有体力逃难了。但是，他担心儿子会被敌人杀害，所以决定让儿子去日本避难。去避难需要身份证，而"内越"与"外越"之间的身份证就是石钺或石斧。因此，儿子临行前，他交给儿子一件石钺，并在上面刻上了"之"与"生"的合体字"𡻋"，嘱咐儿子"之戉（越）而生"。这个"𡻋"不仅表明了父亲的意愿，当这个年轻人逃到日本"越"文化圈以后，"外越"人也能够理解他的来意。

4200 年前的良渚文化是否已有文字，还有待今后的考古发掘。但是，山西省襄汾县距今4500—3900 年前的陶寺遗址已经出现了类似甲骨文的文字，一个写着朱红色"文"字的被压扁的陶罐（图 4-5）便是例证。陶寺遗址属于龙山文化，而龙山文化又与良渚文化相连。从这个意义上讲，良渚古国灭亡前夕的4200 年前也有可能使用过类似的文字符号，只不过我们现在还没有找到而已。总而言之，我们没有必要因为刻画纹

图 4-5　陶寺遗址出土的"文"字（李国栋摄于"考古中国"展[1]）

---

① 2010 年 7 月 30 日—10 月 10 日，首都博物馆举办"美好中华——近二十年考古成果展"。

类似甲骨文就将这件石钺的年代上限硬设在商代或周代。从更广阔的视野看，"之戉（越）而生"这一解读不仅不违背文字史，而且也符合 7000 年以降长江下游与日本"越"文化圈交流的实情。

2015 年 8 月，笔者在日本东京出版了日语学术专著《稻作文化视域下的中国贵州与日本》，正式发表了上述"之戉而生"的观点[①]，引起日本学者的热议。同年 11 月 18 日，日本全国性报刊《读卖新闻》发表书评，对笔者上述观点给予"颠覆既往学说"的评价。

三、羽黑山与黑齿习俗

中川代遗址附近的羽黑山凝聚着日本人古老而神秘的山岳信仰。山顶有出羽神社，供奉着日本谷神"稻仓魂命"（ukanomitamanomikoto）。遗址附近还有"月山"和"汤殿山"，三山合称"出羽三山"（表 4-1），出羽神社便是三山合祭之所。合祭殿前有镜池，曾出土 600 面平安时代至江户时代（8—19 世纪）的铜镜，可见信仰之久远。

表 4-1　三山所祭神灵（https://kaiun.website/archives/243）

山名	神社名	祭神	本地佛
月山	月山神社（がっさんじんじゃ）	月命（月山权现）	阿弥陀如来
羽黑山	出羽神社（いではじんじゃ）	伊氏波神、稻仓魂命（羽黑权现）	正观世音菩萨
汤殿山	汤殿山神社（ゆどのさんじんじゃ）	大山祇神、大己贵命、少彦名命（汤殿山权现）	大日如来

---

① 李国栋. 稻作文化视域下的中国贵州与日本［M］. 东京：雄山阁，2015：95.

羽黑山的"羽黑"日语读"haguro"，直译就是"齿黑"，即中国说的"黑齿"。"黑齿"原本是长江下游及两广一带古越族的习俗，《战国策·赵策》中的"黑齿雕题，鳀冠秫缝，大吴之国也"便可视为文献佐证。而且今天，在古越族后裔聚居的云南哀牢山深处的花腰傣村寨里，我们仍然可以看到鲜活的"黑齿"文化。

图 4-6 是笔者 2014 年 5 月去云南省新平县嘎洒镇的花腰傣村寨田野调查时拍摄的，当地 40 岁以上的傣族妇女普遍染黑齿。她们告诉笔者，她们每天都会嚼一种傣语称作"man ma"的草（图 4-7），嚼着嚼着牙齿就自然被染黑了。

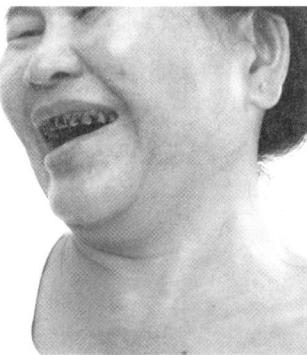

图 4-6　花腰傣黑齿习俗
（李国栋摄于云南新平县）

图 4-7　花腰傣染黑齿的"man ma"草
（同图 4-6）

日本 10 世纪成书的《倭名类聚抄》云："文选注云，黑齿国在东海中，其土俗以草染齿，故曰'黑齿'，俗云波久路女。"由此可知日本远古时代就有染黑齿的习俗，日语称作"波久路"（haguro），和羽黑山的"羽黑"同音。"波久路女"的"女"（me）指"女人"，可知"黑齿"在日本原本是女人的习俗，而且是用草染齿，与云南花腰傣相同，而不像镰仓时代以后用"铁浆"染齿。

《山海经·海外东经》曰：

> 黑齿国在其北，人为黑，食稻啖蛇，一赤一青，在其旁。一曰在竖亥北，为人黑首，食稻使蛇，其一蛇赤。
>
> 下有汤谷。汤谷上有扶桑，十日所浴，在黑齿北。居水中，有大木，九日居下枝，一日居上枝。[①]

以上引文提到"黑齿国"，而且还提到在"黑齿国"北有"汤谷"，"汤谷"之上有扶桑树，"九日居下枝，一日居上枝"，可见日本远古时代确有黑齿习俗。另外，上述引文也特别提到黑齿习俗与稻作农耕和蛇信仰的关系。从这三者的紧密关系判断，黑齿习俗应该是与稻作农耕一起传入日本的。日本考古学家藤尾慎一郎在《弥生时代的历史》中指出：

> 公元前400年左右，水田稻作已经扩展到北陆地区。到了公元前4世纪前叶，向北相距几百公里的青森县津轻海峡区域也出现了稻作。从见于陶器的共通性判断，可能是从近畿北部的丹后半岛等地直接通过海路传播过去的。在两者之间的富山县和新潟县，还没有发现确凿的水田稻作证据。[②]

公元前5世纪，稻作已经传到福井县一带，公元前4世纪前期到达日本本州岛最北端的青森县。虽然福井县与青森县之间的稻作农耕情况尚不明朗，但从海路传播与羽黑山的地理位置判断，羽黑

---

① 山海经[M].昆明：云南科技出版社，1994：121.
② 藤尾慎一郎.弥生时代的历史[M].东京：讲谈社，2015：96.

山是必经之地，所以至少在公元前 4 世纪前期，羽黑山一带已经出现了稻作农耕，而黑齿习俗传入日本"越"文化圈应该也是在这个时间段。

日本东京都中央区有波除稻荷神社，祭神也是"仓稻魂命"。该神社供奉着一对狮首，用于每三年举行一次的"筑地狮子祭"（时间为农历六月中旬，但明治维新后改为公历 6 月中旬）。雌狮首的牙齿被染成黑色（图 4-7），举行"筑地狮子祭"时，由女性抬黑齿狮首。在这里，我们意外地发现黑齿习俗与日本谷神"稻仓魂命"有关，让我们再次想起了羽黑山上的出羽神社及其祭神"稻仓魂命"。由此推测，"稻仓魂命"（仓稻魂命）很可能是染着黑齿的。

不管是在中国，还是在日本，黑齿习俗都与女性有关，但并不是所有传统稻作民族的女性都染黑齿。我们现在可以非常明确地说，古越族有黑齿习俗，但苗族没有。由此我们可以进一步推断，日本的黑齿习俗是由长江下游的古越人传过去的，而本章探讨的"之戉（越）而生"石钺和"羽黑"山的"齿黑"本义，皆可视为远古时代"内越"与"外越"确有交流的力证。

图 4-8 黑齿雌性狮首
（彭鹏摄于日本东京波除稻荷神社）

第五章

远古的菱形纹

绳纹中期的菱形纹

日本绳纹中期的陶器上出现了大量的菱形纹。菱形纹与菱这一植物有关，所以我们先来确认一下菱与东亚的关系。

一般认为，东亚是菱的原生地。菱生长在高温多湿的环境中，所以在地球温暖化过程中，比日本列岛先获得高温多湿环境的东海沿岸应该就是菱的原生地。

从考古学角度看，长江下游8000年前的跨湖桥遗址和7000年前的河姆渡遗址都出土了菱角，比日本福井县鸟滨贝冢遗址绳纹前期（7000—5500年前）文化层出土的菱角早1000多年。另外，鸟滨贝冢遗址的菱角是与原生于长江下游的绿豆、葫芦等植物一起出土的，所以日本的菱应该也是由长江下游传过去的。

既然如此，日本菱形纹与长江流域菱形纹之间也应该有相通之处。

日本长野县藤内遗址出土了一件绳纹中期的桶形陶器（图5-1），其纹饰共分五段。第一段的右侧有一个小菱形纹，第一段与第二段之间有一个大菱形纹，第四段左右对称地配置了两个小菱形纹，第五段又有一个大菱形纹。一件陶器上为什么会有这么多菱形纹呢？北海道著保内野遗址出土了一件女性陶偶（图5-2），其阴部

图 5-1　多菱形纹陶器
（《日本美术全集 1　原始造型》[1]）

图 5-2　女性陶偶
（《日本美术全集 1　原始造型》[2]）

① 横山浩一，铃木嘉吉，辻惟雄，等．日本美术全集 1　原始造型——绳纹、弥生、古坟时代的美术
　　［M］．东京：讲谈社，1994：彩图 1．
② 横山浩一，铃木嘉吉，辻惟雄，等．日本美术全集 1　原始造型——绳纹、弥生、古坟时代的美术
　　［M］．东京：讲谈社，1994：彩图 63．

正是一个大菱形纹。由此我们可以知晓，菱形纹实际
上是女阴的象征，菱形纹越多，女阴越多，而女阴越
多，则意味着产子越多。

　　绳纹草创期至前期的陶器上有一种斜格纹，而斜格
纹一般只是斜线互相交叉，纹样整体不设中心线。但
与此相反，绳纹中期的菱形纹都设有一条纵向中心线，
而且菱形纹本身也是整个陶器的中心纹样。陶器纹样
是否设纵向中心线与视角有关，绳纹草创期、早期和
前期的陶器纹样因为没有纵向中心线，所以陶器也就
没有正面和背面，无论从哪个方向看陶器都没关系。
但是，绳纹中期的菱形纹陶器设置了一条纵向中心线，
于是，有纵向中心线的菱形纹一面
成为正面，它要求人们只能从正面
看这个陶器。笔者认为这个变化非
常重要，它明确地告诉我们，绳纹
中期有菱形纹的陶器不是个人的日
用品，而是在众目睽睽之下使用的
祭祀礼器。

　　图 5-3 是日本岐阜县堂之前遗
址出土的绳纹中期陶罐的局部。最
下方有一个圆形涡纹，象征女人的
阴门，涡纹中心插着一个蛇头形圆
柱，象征男根。圆柱中间有一个菱
形纹，表示这根圆柱正与女阴交合。
在这里，菱形纹依然是女阴的象征。

图 5-3　绳纹中期
陶罐局部
（《日本美术全集
1　原始造型》[①]）

① 横山浩一, 铃木嘉吉, 辻惟雄, 等. 日本美术全集 1　原始造型——绳纹、
　弥生、古坟时代的美术 [M]. 东京: 讲谈社, 1994: 彩图 27.

二、长江下游的菱形纹

长江下游的跨湖桥遗址也出土了菱形纹陶片（图5-4右上），而且菱形纹中心也有一条直线，可见8000年前的"内越"人已经产生在菱形纹中设置中心线的意识。当然，这个菱形纹是否象征女阴，还很难作出判断。

图 5-4　跨湖桥遗址出土陶片
（李国栋摄于跨湖桥遗址博物馆）

陶片涂成红色，体现出对于火的崇拜。这一点与日本绳纹中期的陶器颜色相近。不过，跨湖桥遗址同时也出土了太阳纹陶片（图5-4左下），显示出稻作农耕民对于太阳的崇拜。但是，日本绳纹中期尚处于前农耕时代，所以绳纹人只崇拜火和生育（"火"和"女阴"都发音"ho"），而不崇拜太阳。

余姚市的田螺山遗址出土了双鸟交尾冠饰（图5-5），年代可以追溯到6500年前。中心纹样是两只鸟的菱形尾，鸟腹中各有一个圆形纹，应该是鸟蛋。在整体纹样中，菱形鸟尾的相交显示出鲜明的生殖

图 5-5　双鸟交尾冠饰
（李国栋摄于田螺山遗址现场馆库房）

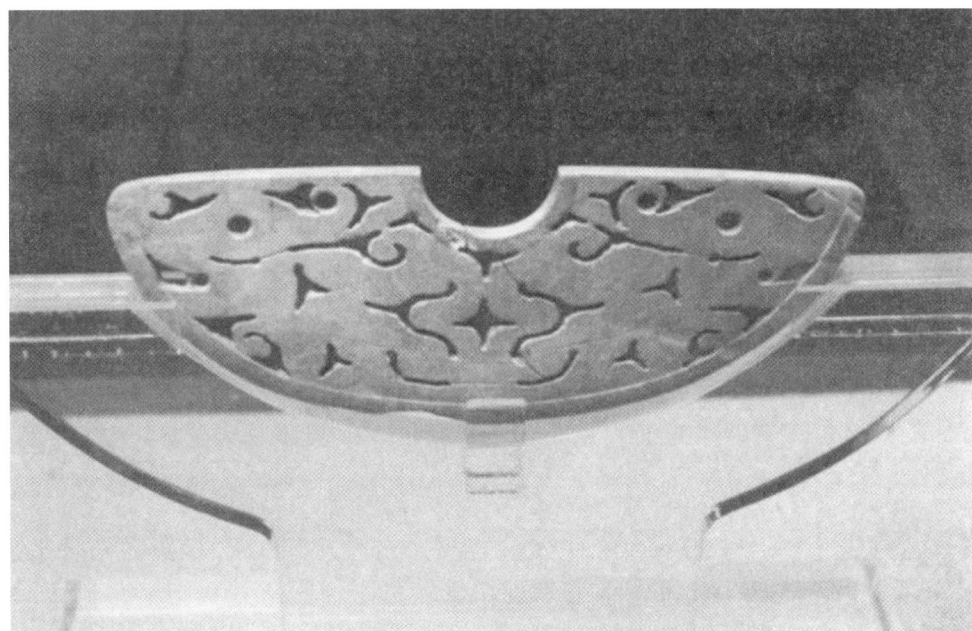

图 5-6　瑶山遗址镂孔玉璜
（李国栋摄于浙江省博物馆）

意象。

1987 年，良渚文化瑶山遗址出土了一件镂空玉璜，其中心部位有一个大菱形纹（图 5-6）。大菱形纹中又镂空了一个近似十字纹的菱形纹，在意趣上与图 5-1 日本桶形陶器第二段的十字纹近似。笔者认为，这个菱形纹应该是女阴的象征。

良渚文化时代基本与日本绳纹中期同期。因此，在菱形纹和女阴崇拜方面，长江下游与日本列岛保持着共时性。

良渚遗址群出土的文物中，最神圣、最立体的菱形纹就是玉琮（图 5-7）。很多学者认为，玉琮反映了"天圆地方"观念。但从文化类型来看，"天圆地方"是黄河流域或西辽河流域粟作文化圈的观念。有人说，"天圆地方"最早可以追溯到 6500 年前的濮阳西水坡遗址，但保守地讲，"天圆地方"观念在 5500—5000 年前的红山文化晚期确实已经确立起来，牛河梁遗址的圆形祭坛与方形墓葬的组合（图 5-8）就是例证。

然而，在远古稻作文化圈根本就不存在"天圆地方"的观念。玉琮四角有兽面纹，而兽面纹的纵向中心线正好是玉琮四角的对角线，兽面纹的两只眼睛分布在对角线两侧，注视着前方。由此我们可以看出，正对玉琮对角线的方向才是玉琮的正面。也就是说，玉琮的四角都是正面，而从正面看，玉琮的形状正好是菱形与圆形的组合。

玉琮有四个正面，意味着在祭祀仪式中玉琮被放在祭坛中心，四周的人们都虔诚地望着它。至于它的功用，一般皆遵从《周礼》"以苍璧礼天，以黄琮礼地"的说法，认为琮是祭祀土地的礼器。

祭祀时，祭司先将玉琮放在土坛之上，然后把一把茅草插入中心的圆孔。茅草坚挺，常被比喻为剑，而剑又是蛇的象征，所以茅草也可视为男根的象征，而菱形的玉琮则被视为女阴。随后，祭司一边念诵祭词，一边将酿好的浊白色米酒从茅草顶端徐徐倒入，米

图 5-7 良渚玉琮
（李国栋摄于良渚博物院）

图 5-8　红山文化牛河梁遗址
（李国栋摄于牛河梁国家考古遗址公园）

酒顺着茅草流下，沁入土坛。米酒浊白，象征精液；通过玉琮圆孔而接受米酒的土坛则被理解为女人的子宫。——这种模拟巫术性的祭祀应该就是古文献中所说的"苞茅缩酒"，其目的是祈求稻谷丰收、人丁兴旺。

当然，良渚遗址群反山遗址出土的"玉琮王"（图5-9）除了四角有兽面纹以外，四面中间位置还各浮雕着两组神人兽面纹。神人兽面纹也是两两相对，组成一组×字纹。于是，菱形纹对角线组成的十字纹和两组神人兽面纹组成的×字纹叠加，就变成八芒纹，指向八个方向。也就是说，"玉琮王"放在人群中间，供人们从八个方向注视，显然比供人们从四个方向注视的普通玉琮高一个等级。

图5-9 良渚"玉琮王"
（《反山（下）》①）

"玉琮王"中间有圆孔，圆孔外侧出现八芒纹，让人自然联想到太阳。圆孔可以理解为太阳的象征，八芒纹则是太阳发出的八道光芒。笔者曾在拙著《稻作背景下的苗族与日本》中指出，太阳纹源自表示"火灵"的×字纹，然后以四为基数增加，即四、八、十二、十六、二十、二十四，最多可以增加到三十二②。因此从这个角度看，用"玉琮王"祭祀时，它所对应的应该是最高级别太阳神与最高级别蛇神的交合。

---

① 浙江省文物考古研究所.良渚遗址群考古报告之二 反山（下）[C].文物出版社,2005：彩版46.
② 李国栋.稻作背景下的苗族与日本[M].北京：中国社会科学出版社,2019：100.

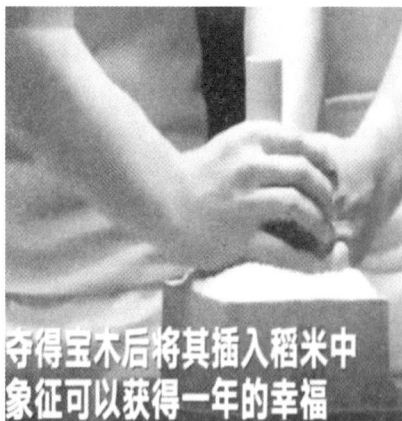

图 5-10 "会阳裸祭"的"宝木"
（腾讯视频）

图 5-11 贵州苗族祭祀米斗
（李国栋摄于贵州台江县施洞镇百枝
坪村）

在稻作文化圈，我们现在有时也会看到正方形与圆形的组合，就相当于把玉琮的四面摆正，让四面正对注视者。这也许是受到北方"天圆地方"观念影响的结果。但即使如此，这一组合仍然意味着男女交合。例如，每年 2 月第三个星期六，日本冈山县西大寺都要举行"会阳裸祭"。高潮是成千上万的青壮年男子几乎脱光衣服去争夺一根"宝木"（shingi）。得到"宝木"后，将它插进正方形的米斗里（图 5-10），据说这样就可以获得一年的幸福。

据西大寺官方介绍，"会阳"是"迎接阳春"的意思。但笔者认为，这只是其表层含义，其深层含义则是"迎接阳物"。"宝木"象征男根，盛满稻米的正方形米斗象征女阴，"宝木"插进米斗则意味着男女交合，预祝人丁兴旺、稻谷丰收。

类似的米斗（图 5-11）笔者在贵州苗族的祭祀仪式中也经常看到，只不过现在一般插在苗族鬼师米斗中央的是卷成圆柱形的人民币，鬼师的骨匕和香火则插在米斗前后两侧。

总而言之，在稻作文化圈出现的圆形、菱形或方形礼器与蛇、茅草、剑、柱的组合，其实都是男女交合的象征，含义与北方旱作文化圈的"天圆地方"相似，但作为传统纹样，两者原本毫无关系。

三、民族学视域下的菱形纹

浙江南部山区至福建北部山区是畲族聚居区（图5-12）。关于畲族的族源，学术界已有"武陵蛮说""东夷说""越人后裔说""闽族后裔说""南蛮说"等几种假说。但畲族本是挑着"祖担"（图5-13）不断迁徙的民族，所以至今尚无定说。

畲族的传统纹样中也有许多菱形纹。特别是关于女性，菱形纹的使用则非常明显。浙江省景宁县的中国畲族博物馆对畲族传统纹样的含义做了一个归纳总结（图5-14）。例如，纹样编号26为"女性"，其中心是一个大菱形纹；纹样编号8为"怀孕"，菱形纹的中心有一条竖线。将这两个纹样结合起来思考，我们就可以断定，在畲族传统文化中菱形纹象征女性的阴门和子宫，而菱形纹中的竖线则象征男根，所以男根插入阴门则意味着"怀孕"。能够怀孕是女性的最大特征，所以将象征女阴的菱形纹置于图案中央，则意味着"女性"。

另外，在编号25"母"的纹样中，唯一完整的纹样也是菱形纹，编号24"民族繁荣"的中心纹样也是菱形纹，而且扩展出来的纹样也具有形成更大菱形纹的趋势。"合居"的畲族纹样是一个大菱形纹的左角套一个小菱形纹，可知畲族不管是大家庭还是小家庭，都是以女人为中心的。

在民族学界有一个说法，叫"苗瑶畲一家"。就是说，畲族和瑶族都是从苗族分化出来的。从纹样上看，苗族传统纹样中的菱形纹也确实是象征女性或女阴。例如，贵州东南部的丹寨县、三都县一带居住着苗族"鸟支系"，他们举行祭祖仪式时要穿"百鸟衣"，而

图 5-12 浙江景宁县大张坑畲族村（李国栋摄）

"百鸟衣"的中心纹样就是一个大菱形纹套一个蟠蛇纹（图 5-15）。菱形纹表示张开的女阴，蟠蛇纹则象征男根旋转插入阴门。

另外，贵州丹寨县苗族妇女的围腰上也一定会出现各种各样的菱形纹（图 5-16）。他们自己也不知道为什么要在围腰上刺绣菱形纹，但从菱形纹与女性的文化关联来看，围腰上的菱形纹应该是成熟女性的象征。

图 5-13　畲族"祖杖"和"祖担"
（李国栋摄于浙江丽水市博物馆）

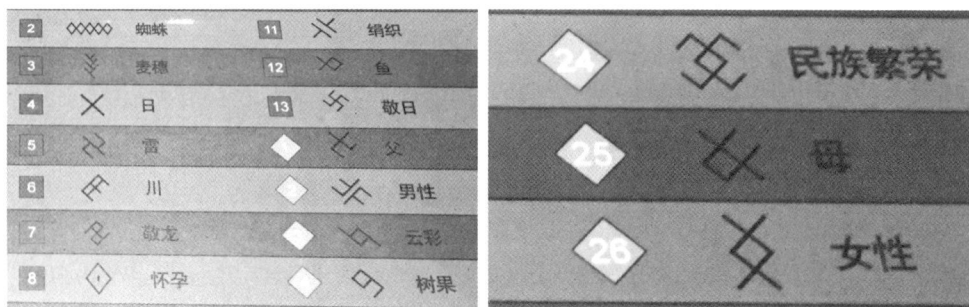

图 5-14 畲族传统纹样及其含义
（李国栋摄于浙江景宁县中国畲族博物馆）

图 5-15 百鸟衣中心纹样
（李国栋摄于贵州西江千户苗寨博物馆）

图 5-16　苗族菱形纹围腰

（安红摄于贵州丹寨县）

在菱形纹上，畲族与苗族虽然本质相同，但根据笔者本人的畲语调查，畲语称"稻"为"ou"，与古越语的分支侗语相同，所以畲族又不能与苗族完全画等号。

本书第七章第三节将作详细阐述，苗族起源于6000年前的湖南澧阳平原，而且从5800年前起，开始向江汉平原以及江淮一带扩张。不难想象，在这一过程中古苗人不断与古越人融合，畲族应该就是在这个融合过程中形成的介于苗族与古越族之间的族群。

日语称"菱形纹"为"hishi"。日本权威词源辞典《新编大言海》认为，"hishi"源自"紧"（hishi），表示"锐利"之状[①]。《日本语词源辞典——日本语的诞生》认为，"hishi"的"shi"表示"状态"，"hi"表示"尖

① 大槻文彦.新编大言海［Z］.东京：富山房,1982：1706.

锐"。不过，在单论"hi"的时候，它又列举出五个具有原始意义的词，即"日"（hi）、"灵"（hi）、梭（hi）、"秀"（hi）和"簸"（hi）①。从这五个汉字中可以看出，"太阳"或"神灵"以及两头尖的"梭"形是"hishi"的本义。因此，"hishi"可以理解为"日光照射下能够孕育神灵的菱形"。至于这个"日光照射下能够孕育神灵的菱形"指什么，笔者认为在最本源的意义上，应该是指男女交合后能够生出孩子的女阴。

农历三月三是畲族的传统节日，要吃乌饭、捣糍粑，包粽子，并伴有祭祖仪式和对歌活动。日本人也过"三月三"，但对于日本人来说，"三月三"是女孩节。②这一天女孩要吃一种用糯米做的特殊食品——菱饼（图5-17）。

图5-17　日本菱饼
（http://kikusa.exblog.jp/8379734）

菱饼是红、白、绿三色。红和白是日本古代贵族喜欢的吉庆颜色，而绿则象征春天。但这里，最重要的不是颜色，而是形状。菱饼呈菱形，它以女人最本质的生育符号突显了"女孩节"的文化特色。

---

① 藤堂明保，清水秀晃.日本语词源辞典——日本语的诞生［Z］.东京：现代出版,1984：301,298.
② 3月3日是日本的女儿节，本来是农历三月三日，明治维新后改为公历3月3日。

第六章

"苇原中国"的意涵

日本上古神话称日本为"苇原中国"（ashiharanonakatsukuni）。日本的神话世界分三层，最上层是天国，称"高天原"（takamanohara）；最下层是地狱，称"黄泉"（yomi）；介于"高天原"和"黄泉"之间的国度称"中津国"，"中津国"也称"苇原中国"。

日本创世神话记载，有许多神从"高天原"降临到"苇原中国"。"高天原"的"高天"日语读"takama"，是"takaama"的缩音。"天"原本读"ama"，只是与"高"连读时"ama"的"a"被省略掉了。

作为日语固有读音，"天"读"ama"，但"海"也读"ama"。至于这两个词为什么会发音相同，应该是日本列岛的自然环境使然。站在日本列岛的某个海岸，遥望远方，我们会看到海天一色的景象。如果此时有人从大海彼岸划船而来，我们就会产生此人从天而降的错觉。因此，日本创世神话中所描述的"从天而降"则可以理解为"渡海而来"，从这个意义上讲，"苇原中国"就是渡海而来到日本列岛的外来者最初看到的景象。也就是说，这个名称所反映的是外来者的视角。

一、"苇牙"萌腾

712年成书的《古事记》记载，日本列岛的土地"如浮脂"，像海蜇一样飘忽不定的时候，有"苇牙"（ashikabi）状"萌腾之物"萌腾而出，于是日本列岛就变成了"苇原中国"（图6-1）。

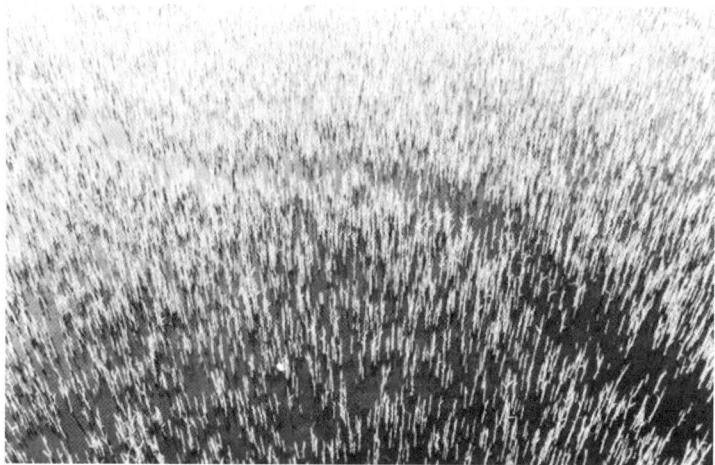

图6-1　芦苇芽
（360图片）

　　看似一段简单的环境描写，但在逻辑上告诉我们一个重要的信息：日本始祖神伊邪那岐和伊邪那美是在日本列岛开始出现芦苇湿原的时候降临日本的，是他们开启了与芦苇湿原密切相关的新时代。

　　笔者认为，这个新时代即稻作农耕时代。6000—4000年前，稻作农耕曾在江淮及山东半岛广泛传播。这期间，长江下游与日本列岛之间已有人员往来，稻米也已传入日本，但整个日本列岛并没有发现种植的痕迹。日本著名环境考古学家安田喜宪曾在《"东亚稻作半月弧"与"西亚麦作半月弧"》一文中指出：

　　　　农耕诞生于森林与草原的中间地带，而日本列岛当时被茂密的森林覆盖，缺少适合稻作农耕的湿地草原。绳纹海侵时期，内湾深入陆地，使得人们无法找到稻作生产的场地。绳纹时代晚期开始海退，内湾逐渐被堆积填埋，从而形成了湿地草原。于是，日本开始向稻作社会转化。也就是说，日本稻作农耕的出现，不仅仅因为拥有稻作技术的人迁徙而来，稻作环境的形成也是一个非常重要的原因。①

安田喜宪认为，"湿地草原"是稻作农耕的前提，但当时日本处于"绳纹海侵时期"，没有这样的环境，这才是绳纹中后期日本列岛没有接受稻作农耕的根本原因。笔者赞同安田喜宪的意见，并认为"苇牙"萌腾意味着海退开始，湿原逐渐形成，日本列岛已经具备了接受稻作农耕的条件。

当然，在"高天原"稻作农耕早已普及，所以《古事记》在记述日本列岛"苇牙"萌腾之前，先记述了"高天原"的三尊神：天之御中主神、高御产巢日神和神产巢日神。天之御中主神为概念神，意味着他位于"高天原"的中心，是"高天原"的主宰者。此三神虽说都是单独存在的"独神"，但高御产巢日神与神产巢日神之间似乎有阴阳交合之意，是生命的化身。高御产巢日神别称"高木神"，而远古稻作遗址以及现代云贵山地的古老稻作村寨的中央一般都会立有一根高大的木柱，象征男根。与木柱相对的则是木鼓，象征女阴。

"产巢日"古日语读"musuhi"或"musubi"。"musu"的本义为"生产"或"诞生"。日本权威词源辞典《新编大言海》认为，"musu乃umusu之约音"②。"hi"或"hi"的浊音"bi"指"神灵"，但与"musu"连用后，在发音上又与"结合"之意的"结"（musubi）相同。由此

① 安田喜宪 . "东亚稻作半月弧"与"西亚麦作半月弧"［J］. 季刊考古学，1996（56）：26.
② 大槻文彦 . 新编大言海［Z］. 东京：富山房，1982：2028.

可见，这两尊神之间确实具有男女交合之意。

两尊神的名字本身具有男女交合之意，而且是以具有稻作文化特色的木柱和木鼓的形态而存在，所以他们作为一对先验性的神，既象征"高天原"生命的延续，同时也显示出"高天原"作为发达的稻作农耕社会先于"苇原中国"而存在。可以说，"苇原中国"最初的稻作民都是由"高天原"迁徙过来的。

日本九州岛北部的唐津湾有日本最著名的稻作遗址——菜田遗址。该遗址出土了公元前 10 世纪的稻田、炭化稻和大量农具，被誉为"日本稻作发祥之地"。由此可知，第一批稻作民渡海而来到日本列岛是在公元前 10 世纪，所以"苇牙"萌腾而出的湿原应该就是第一批稻作民所看到的绳纹晚期的列岛环境。

二、早期诸神

根据《古事记》记载，"苇牙"萌腾之后，首先出现了宇摩志阿斯诃备比古迟神（umashiashikabihikojinokami），这是对"苇牙"的神格化。然后出现了天之常立神。随后又出现了"神世七代"的十二神：国之常立神、丰云野神、宇比地迩神、妹须比智迩神、角杙神、妹活杙神、意富斗能地神、妹大斗乃辨神、于母陀流神、妹阿夜诃志古泥神、伊邪那岐神、伊邪那美神。从《古事记》后续的记述来看，最后两位伊邪那岐神和伊邪那美神才是日本始祖神。那么，宇摩志阿斯诃备比古迟神之后的这十三尊神又是什么意思呢？

从稻作移民的角度思考，这些神名所反映的应该就是稻作民登陆"苇原中国"的过程。前文说过，古日语中"天"与"海"同音，所以紧随宇摩志阿斯诃备比古迟神之后诞生的"天之常立神"（amenotokotachinokami），可以理解为"海之常立神"。"常"古日语读"toko"，汉字亦作"床"，"土堆"之意。但是，在古日语中"常"

又经常与岩石（iha）连用，称"常磐"（tokoiha）。"立"除了"直立"以外，还有"立现、出现"的意思，所以"天之常立神"应该是指日本列岛周边出现的岛礁，它应该是稻作民登陆前的落脚点。

与天之常立神相对应的是国之常立神（kuninotokotachinokami）。"国"古日语读"kuni"，"土地"之意，应该是指长满芦苇的湿原中出现的土地。由此神名可以知晓，稻作民终于从海上的岛礁登上了淡水湿原中的陆地。

丰云野神（toyokumonokami），当然可以理解为登陆后稻作民看到的飘着朵朵白云的原野。不过，在《日本书纪》中此神写作"丰斟渟尊"（toyokumununomikoto）。日本学者神田秀夫认为，"斟"读"kumu"，本义为"汲"；"渟"读"nu"，本义为"水"，所以丰斟渟尊可以理解为"取之不尽的天然淡水储水池"①。"斟渟"（kumunu）与"云野"（kumono）发音近似，所以"云野"（kumono）确实有可能是"斟渟"（kumunu）的音转。

宇比地迩神（uhijininokami）和妹须比智迩神（imosuhijininokami）都是"泥沙神"。泥和沙都不稳定，所以需要打桩固定，接下来的角杙神（tsunoguhinokami）和妹活杙神（imoikuguhinokami）就是"桩神"。

打桩固定好地基后，就要建造简易居所。意富斗能地神（ohotonojinokami）和妹大斗乃辨神（imoohotonobenokami）应该就是简易居所的神格化。在《日本书纪》中，此二神写作"大户之道尊"（ohotonojinomikoto）和"大苫边尊"（ohotomobenomikoto），从"大户"和"大苫"判断，应该是指门户宽大、草苫屋顶的大窝棚。不过也有日本学者认为，这两个神名的本义是指男女巨大的生殖器②。

---

① 神田秀夫.《古事记》的神与人——作品鉴赏［J］//图说日本古典1 古事记.东京：集英社，1978：47.
② 日本书纪（一）［M］.坂本太郎，家永三郎，井上光贞，等，校注.东京：岩波文库，1994：324.

从寻找淡水储水池到打桩建房，这一切都是稻作民登陆后的劳作。进入新建的窝棚以后，男女主人便开始互相赞美，表现的是工作初步告一段落。于母陀流神（omodarunokami）和妹阿夜诃志古泥神（imoayakashikonenokami）就是安顿下来后男女互相赞美对方的神格化。从这两个神名看，将"大户之道尊"和"大苦边尊"解释为男女巨大生殖器的意见是不正确的。男女还没互相赞美就直接露出巨大的生殖器，这在逻辑上是讲不通的。

综上所述，早于伊邪那岐神和伊邪那美神的早期诸神神名记录了稻作民发现"苇原中国"，并在湿原中找到陆地，建起临时住所的过程。这一过程发生在公元前10世纪，可以视为第一批稻作民登陆"苇原中国"的语音记录。

三、"苇原中国"的开发

伊邪那岐神和伊邪那美神降临淤能碁吕岛后，首先生了淡路、四国、九州等八个岛屿，统称"大八岛"。最后生的岛屿称"大倭丰秋津岛"，特指本州岛内的奈良盆地。"丰秋"二字让人联想到秋天的稻谷丰收。但"大八岛"不仅有水稻，"伊豫之二名岛"分"四面"，其中一面就叫"粟国"，可见"粟"也是"大八岛"的主要农作物之一。

伊邪那岐神和伊邪那美神生完"大八岛"后，又生了六个岛，其中第一个岛屿叫"吉备儿岛"，第二个岛屿叫"小豆岛"。"吉备"日语读"kibi"，是"kimi"的音转，特指"黍"。"小豆"即赤小豆。

当然，从《古事记》后续的记述来看，日本古代农作物除了上述的稻、粟、黍以外，还包括稗和麦，它们被统称为"五谷"。但是，在伊邪那岐神和伊邪那美神所处的绳纹晚期至弥生早期，稗和麦似乎还没有被视为重要的谷物。

从现在的考古成果判断，最早在日本种植的农作物应该是水稻，可以追溯到公元前 10 世纪。其次是粟和黍，可以追溯到公元前 8 世纪。关于稻作农耕在日本列岛内的传播，日本考古学家藤尾慎一郎在《弥生时代的历史》中介绍说，公元前 8 世纪末，九州岛北部玄界滩沿岸的稻作农耕开始向域外传播，九州岛东部和西部相继出现稻作农耕，四国岛香川县以西的濑户内海沿岸断断续续出现了木制农具。公元前 7 世纪前期，稻作农耕进入本州岛鸟取平原，同时传入奈良盆地。公元前 6 世纪中期，传播到伊势湾沿岸以及四国岛德岛市。稻作农耕经近畿地区的日本海一侧北上，公元前 4 世纪到达青森县弘前市，同时，东北地区仙台平原至福岛县一带也出现了稻作农耕。公元前 3 世纪，稻作农耕从伊势湾沿岸到达日本中部高地和关东南部。至此，稻作农耕遍及日本主要地区。由此可见，公元前 8 世纪至公元前 3 世纪，稻作农耕逐渐在日本列岛内普及开来，而奈良盆地变成"大倭丰秋津岛"是从公元前 7 世纪开始的。

日本列岛的面积并不大，稻作农耕的普及却花费了 700 年的时间。之所以花费这么长的时间，一是因为日本列岛南北狭长的地形，二是与这一时期的气候变化有关。

在日本，稻作农耕的普及主要依靠对芦苇湿原的开发，但芦苇湿原的出现与否，则以气候寒冷化为前提。日本著名环境考古学家安田喜宪在《稻作渔猎文明——从长江文明到弥生文化》中明确指出：

> 日本列岛的绳纹时代晚期相当于寒冷期。自阪口丰氏和我本人指出这一点以来，许多花粉研究者都反复指出了这一点。在阪口氏的长野县唐花见湿地花粉图表中，大约以 3300 年前的层位为分界线，冷杉属、云杉属、五叶松亚属、日本铁杉属激增，表明气候寒冷化已经开始。阪口氏依据尾瀬原的花粉分析结果，对这个时代的气候寒冷化进行了更加详细的复原（图 6-2）。以偃松花粉变化为指标的气候变化

曲线表明，气候自3400年前出现寒冷化倾向，在3000年前迎来显著的寒冷期，而且该寒冷期大约一直持续到2400年前。[①]

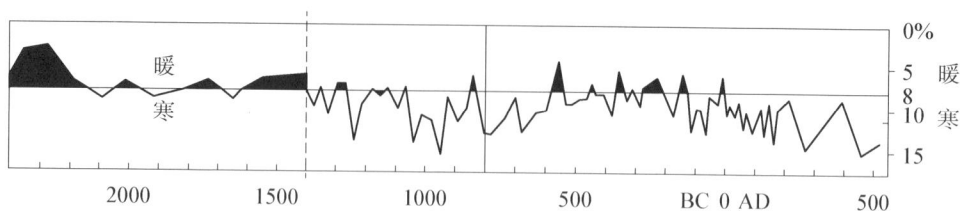

图 6-2　群马县尾濑原花粉分析结果所阐明的气候变化曲线
（Sakaguchi, 1989）

　　一般来说，绳纹晚期始于3300年前，而在其背后则是始于3400—3300年前的气候寒冷化。此次寒冷化过程相当长，一直持续到2400年前，而最寒冷的时期则是3000年前。在此次气候寒冷化背景下，日本列岛周边出现海退现象，内湾海水快速退去，并在雨水、洪水的作用下，内湾滩涂和河口一带逐渐变成湿原，长满了芦苇。在此前提下思考，在最寒冷的3000年前，九州北部的唐津湾苇湿原应该已经形成，而就在这时，第一批稻作民从长江下游乘黑潮而来，于是就有了"苇原中国"这个称呼。

　　前文说过，稻作农耕在日本列岛内的传播大致持续到公元前3世纪。至于为什么是到公元前3世纪，仍然与上述气候寒冷化过程有关。2400年前气候寒冷化过程结束，海退停止，新的芦苇湿原也就不再出现了。

①　安田喜宪. 稻作渔猎文明——从长江文明到弥生文化［M］. 东京：雄山阁，2009：142.

于是，大规模地开发芦苇湿原来种植水稻的行为也就自然停了下来。因此从这个意义上讲，伊邪那岐神和伊邪那美神生育"大八岛"所反映的，应该就是外来的稻作民在上述 700 年间对日本列岛各地芦苇湿原的渐进式开发。

伊邪那岐神和伊邪那美神生完岛屿后，继续生众神。首先生了一尊开拓男神，名叫大事忍男神（ohokotooshiwonokami）。然后又生了六尊用沙石建造半地穴房屋的神，接着又生了海神"大绵见神"和两尊水户（河口）神"速秋津日子神"和"妹速秋津比卖神"。水户二神后又分别生了八尊水神。

由此推测，作为外来稻作民心中的"大事"，首先是建造永久性的半地穴式房屋，然后开始关心大海和河口。他们是从海上来的，大海的彼岸有他们的故乡；河口是他们登陆的地方，出海的港口也多设在河口。另外，八尊水神的名称也进一步显示出他们对水文知识的了解。

接下来，伊邪那岐神和伊邪那美神又生了风神、树身、山神和原野神。山神"大山津见神"和原野神"野椎神"又分别生出八尊神，显示出对溪谷雾气的了解。

然后，伊邪那岐神和伊邪那美神又生了船神"鸟之石楠船神"（天鸟船神）、食神"大宜都比卖神"和火神"火之夜艺速男神"（火之迦具土神）。由鸟之石楠船神这一名称可知，稻作民是乘坚硬的楠木制独木舟渡海而来到日本的。另外，食神"大宜都比卖神"死后其身化生出五谷，可见"五谷"概念比伊邪那岐神和伊邪那美神晚一代才出现。

生火神时，伊邪那美神的阴部被烧伤，卧病时的呕吐物变成铜矿山神；大便变成窑土神；小便变成灌溉神和地力神，此神之子则为谷神。也就是说，到了伊邪那岐神和伊邪那美神的时代即将结束之时，外来的稻作民终于在日本列岛找到了铜矿山和烧制陶器的陶土，建立起灌溉系统，有了大规模的稻作农业，食物也丰富了。这应该是弥生中期的真实写照。

弥生中期的富足当然是几百年来连续开发的结果，但主导开发的是一群怎样的人呢？日本诸神大致可以分为"天津神"和"国津神"。"天津神"属于天照大神系统，"国津神"则是指早于"天津神"而迁居日本的众多神灵，他们应该就是日本列岛早期的稻作民。

《日本书纪》记载，大己贵神（ohoanamuchinokami）曾在出云国自叹道："夫苇原中国本自荒芒。至及磐石草木咸能强暴。然吾已摧伏，莫不和顺。"[①]此处的"强暴"被训读为"ashikaru"，其原型为形容词"ashi"，汉字作"恶"，与"苇"同音。由此可知"苇原"原本"荒芒"，虽然适合种植水稻，但需要辟草围垦。大己贵神"摧伏"苇草之后，才变成大片稻田。

随后，大己贵神又说：

> 今理此国，唯吾一身而已。其可与吾共理天下者，盖有之乎？于时，神光照海，忽然有浮来者，曰："如吾不在者，汝何能平之国乎？由吾在故，汝得建其大造之绩矣。"是时，大己贵神问曰："然则汝是谁耶？"对曰："吾是汝之幸魂奇魂也。"大己贵神曰："唯然。乃知汝是吾之幸魂奇魂。今欲何处住耶？"对曰："吾欲住于日本国之三诸山。"故即营宫彼处，使就而居。此大三轮之神也。[②]

所谓"大三轮之神"，即奈良盆地三轮山（图6-3）的山神"大物主神"，而大物主神又是大己贵神的"幸魂奇魂"，可见大己贵神不

---

① 日本书纪（一）[M].坂本太郎，家永三郎，井上光贞，等.校注.东京：岩波文库，1994：450.
② 日本书纪（一）[M].坂本太郎，家永三郎，井上光贞，等.校注.东京：岩波文库，1994：450.

图 6-3 奈良三轮山

（ https: //www.tripadvisor.jp/Attraction_Review-g1022860-d1385999-Reviews-Mt_Miwa-Sakurai_Nara_Prefecture_Kinki.html#photos;aggregationId=101&albumid=101&filter=7&ff=268169354 ）

仅统治着出云国，还通过自己的灵魂统治着奈良盆地。

其实，大物主神可以视为大己贵神的分身。除此以外，他还有大国主神、大国玉神、显国玉神、苇原丑男、八千戈神等别称。"苇原丑男"这个名字很形象，它告诉我们，就是这个男人领导开发了"苇原中国"。"丑男"日语读"shikowo"，本义并不是"长得丑"，而是"强壮有蛮力"。

另外，他娶了12个妻子，生了180（或181）个神子。然后，派这些神子去全国各地推广稻作农耕，每年农历十月再回到出云国，在出云大社商议翌年农事。因为农历十月全国各地的神都要回出云大社，而本地则出现了无神状态，所以古日语称农历十月为"无神月"。

每年农历十月初十，在出云大社附近的稻佐海滨（图6-4）都要举行"迎神祭"。"稻佐"日语读"inasa"，"稻神"之意，可知在此迎接的都是派遣到"苇原中国"

图 6-4 傍晚的稻佐海滨

（https://www.izumo-murasakino.or.jp/izumo-kamimukae.html）

各地的稻神。奈良盆地的宇陀市也有一座"inasa"山，只是其汉字表述为"伊那佐"，但本义也是"稻神"。由此亦可知日本出云地区与奈良盆地之间确实存在共同的稻神信仰。

农历十月初十傍晚，出云大社的神职人员在稻佐海岸点起四堆篝火迎神，然后以海蛇（亦称"龙蛇"）为先导，引领众神（用白色帷幕围着的灵位）去出云大社举行"神在祭"，期间5—6天。笔者曾有幸参加这一神事，手捧"神迎御币"（图6-5）跟在迎神队伍后面，从稻佐海滨走到出云大社。

在稻作文化圈曾流行"十月历"，即每个月36天，一年360年。余下的5—6天用作"过年"，不算在一年之内。因此，每年十月就是年末，外出的孩子需要归省。笔者认为，出云大社每年举行的"迎神祭"和"神在祭"就是按照"十月历"举行的年末归省。

中国苗族远古也曾实行"十月历"，所以直至今天都是每年农历十月过苗年。每隔12年举行一次的祭祖大典"鼓藏节"也在农历十月举行。

笔者曾在拙著《稻作背景下的苗族与日本》中指出，苗族是稻作农耕的创造者，蚩尤后裔"yu人"曾将稻作农耕传播到日本①。现在，再结合"苇原丑男"对"苇原中国"的开发，笔者仿佛看到了那群"yu人"公元前10

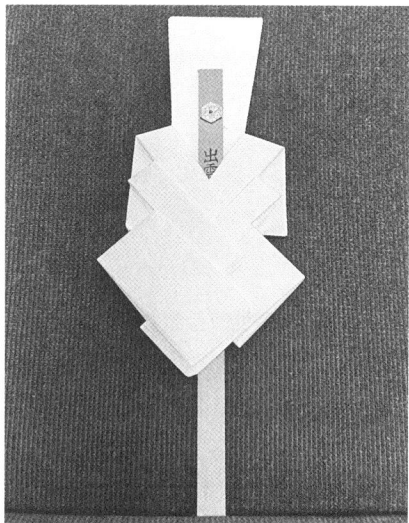

图6-5　神迎御币
（笔者摄于自宅）

① 李国栋.稻作背景下的苗族与日本［M］.北京：中国社会科学出版社，2019：封面内容介绍.

世纪到达日本列岛后的生活，"苇原丑男"应该就是那群"yu人"的领袖。

蚩尤曾是九黎稻作联邦的领袖。他有81个兄弟，一起在山东半岛的湿地地带种植水稻。刚开始时，山东半岛的湿地地带应该也长满了芦苇。即使是今天，微山湖一带仍然能够看到苇原湿地的景象。因此，蚩尤后裔"yu人"对于开发"苇原"是非常有经验的。在"苇原丑男"及其180（或181）个神子身上，我们可以隐约地看到蚩尤及其81个兄弟的身影。

稻，特别是野生稻与芦苇同属禾本科挺水植物，生长环境极其相似。因此，当弥生中期"苇原中国"到处被开垦成稻田，秋天呈现出一派丰收景象以后，也就自然被赞美为"丰苇原之千秋长五百秋之水穗国"（图6-6）了。"水穗"亦称"瑞穗"，意为"水灵灵的稻穗"，

图6-6 日本水稻丰收的景象
（李国栋摄于山口县）

在这一名称中，我们可以感受到早期稻作民开发"苇原中国"的喜悦。

四、弥生文化与绳纹文化的融合

在第一批稻作民移居日本列岛之前，日本列岛上一直有绳纹人居住。那么，稻作民开发"苇原中国"时，有没有与土著绳纹人发生冲突呢？

藤尾慎一郎在《弥生时代的历史》中介绍，在九州岛北部早良平原的河川下游，9000年前曾有绳纹人居住过，但由于7000年前发生海侵，绳纹人从河川下游搬到了中上游。虽然后来海侵结束，河川下游逐渐出现了湿原，但直到绳纹晚期为止，绳纹人一直都没有再回到河川下游。笔者推测，这是因为绳纹人过着狩猎采集生活，湿原对他们来说根本没有魅力。

但时，对于稻作民来说，长满芦苇的湿原反而具有开发价值，所以他们便聚居于河川下游。也就是说，在绳纹晚期，外来的稻作民和土著的绳纹人（狩猎采集民）是分开居住的。虽然都生活在河川附近，但稻作民生活在河川下游，绳纹人则生活在河川中上游。藤尾慎一郎最后特别强调："这样的分开居住不仅仅限于本地区，在水田稻作初始期，这种现象在西日本和关东南部也很常见，是一种普遍现象。"①

外来稻作民与土绳纹人的分区域居住大致持续了100—150年，随着稳定而富足的稻作农耕社会的形成，土著绳纹人才逐渐融入其中。由此判断，外来稻作民开始开发"苇原中国"时并没有与土著绳纹人发生冲突。

---

① 藤尾慎一郎. 弥生时代的历史［M］. 东京：讲谈社，2015：48.

可以想象，当外来稻作民在河川下游发现"苇牙"萌腾的湿原的时候，四周根本无人居住，甚至让他们产生了整个岛上都没有人，自己是最早登陆者的错觉。反映到《古事记》中，就是日本祖神伊邪那岐和伊邪那美降临淤能碁吕岛后发现只有他们两人，最后只得实行兄妹婚。

不过，到了"天津神"降临日本九州岛南端的公元前 3 世纪[①]，外来稻作民与土著绳纹人的融合就非常快了。代表长江下游稻作文化的迩迩艺命（琼琼杵尊）与当地山神大山津见神的女儿木花佐久夜毗卖（木花开耶姬）的婚姻便是最好的例证。

另外，从开发"苇原中国"的早期诸神名字来看，许多神的名字中都包含"日"字，而且这些"日"都读"hi"。"火"字也读"hi"，伊邪那美去世前生的最后一个神子"火之迦具土神"（hinokagutsuchinokami）就是一个例证。"日"通"火"，而且具有"神灵"之意，这无疑反映出稻作民的太阳信仰和祖灵信仰。

但是，从事狩猎采集的绳纹人只崇拜"火"，不崇拜太阳。绳纹语称"火"为"ho"，而不称"hi"。由此我们不禁会联想到迩迩艺命与木花佐久夜毗卖所生的三个儿子的名字。老大叫火照命（hoderinomikoto），老二叫火须势理命（hosuserinomikoto），老三叫火远理命（howorinomikoto），也叫天津日高日子穗穗手见命（amatsuhikohikohohodeminomokoto）。三个名字中的"火"都读"ho"，而不读"hi"。

迩迩艺命的名字全称中也有"天津日高日子"这个修饰，叫天津日高日子番能迩迩艺命（amatsuhikohikohononiniginomokoto）。这里的"日"读"hi"，可见他本人是外来稻作民，可以视为"日子"（hiko）。紧接着的"番"读"ho"，但从其稻作民的身份判断，这

---

① 李国栋.稻作背景下的贵州与日本［M］.贵阳：贵州人民出版社，2012：119.

个"ho"不指"火"，而是指"穗"（稻穗）。

不过，迩迩艺命三个儿子的名字中所包含的"ho"则完全不同，都指"火"，可见使用的是绳纹语，以此显示出他们的母亲木花佐久夜毗卖的绳纹人谱系。在这里，我们可以清晰地看到弥生文化与绳纹文化的融合。

根据日本学者的研究，绳纹晚期日本列岛的人口只有 7.58 万人[1]。但是，到了公元前 3 世纪迩迩艺命与木花佐久夜毗卖结婚的时候，人口已经达到 12 万[2]，足足增加了 4.4 万人。当然，其中肯定有稻作民内部兄妹婚的后代，但公元前 3 世纪以前迁徙到日本的稻作民数量毕竟不多，所以这 4.4 万人的增加，主要还是依靠外来稻作民与土著绳纹人的结合。

公元前 2 世纪，日本列岛的人口达到 17.74 万，公元前 1 世纪达到 26.24 万，1 世纪达到 38.82 万，2 世纪达到 57.41 万，到了弥生时代结束的 3 世纪已经达到 84.92 万。

前文说过，到公元前 3 世纪，稻作农耕已在日本列岛普及开来。这一点从人口增加的幅度也能得到佐证。公元前 3 世纪至公元前 2 世纪，人口从 12 万增加到 17.74 万，一下就增加了 5.74 万，这一百年比第一批稻作民到达"苇原中国"的公元前 10 世纪至公元前 3 世纪的 700 年间增加的人口还要多。公元前 1 世纪至公元 1 世纪，人口增幅终于超过 10 万；1 世纪至 2 世纪，人口增幅接近 20 万；2 世纪至 3 世纪，人口增幅超过 25 万。在此，我们可以真切地感受到稻作农耕的力量。

3 世纪，以 84.92 万人为历史推动力，日本列岛终于出现了"邪马台"联邦。至此，"苇原中国"的开发圆满结束。

---

[1] 鬼头宏 . 从人口解读日本的历史［M］. 东京：讲谈社，2000：16.
[2] 神田秀夫 .《古事记》之叙——古代日本的所置环境［J］// 图说日本古典 1　古事记 . 东京：集英社，1978：33.

第七章

稻作东传日本的最早传播者

稻作起源于长江中下游，后东传日本。但是，由于东传路径一直不能确定，考察传播者则变得十分困难。再加上日本考古学界对日本稻作起始年代的研究尚不充分，最终导致我们无法对稻作东传日本的最早传播者进行深入探究。

但是，近年来情况已有根本性改变。2003 年 5 月，日本国立历史民俗博物馆运用碳十四加速器年代测定法，对弥生时代早期陶器表面的炭灰进行检测，然后再参照以 1950 年为数值 0 的"校正曲线"，最后提出了一个全新的历史断代——"弥生时代公元前 10 世纪起始说"。而且经过 17 年的检验，日本稻作农耕始于公元前 10 世纪已经逐渐成为日本考古学界和历史学界的定说，这就为我们探究稻作东传日本的最早传播者提供了极其重要的依据。

一 日本远古稻作的"苗族基因"

本书第六章提及的菜畑遗址是日本最古老的稻作遗址，其起始年代为公元前 930 ± 40 年。遗址内设有"末卢馆"，展示着该遗址出土的各种器物，其中有两把石刀曾引起笔者的注意。半月形弧刃直背双孔石刀（图 7-1）与中国江淮一带的石刀相似；而另一把刀身带划槽的石刀（图 7-2），日本考古学家寺泽熏认为与韩国庆尚南道泗水出土的刀身带划槽的石刀相似，并以此判断菜畑遗址的稻作由朝鲜半岛南部传来。①

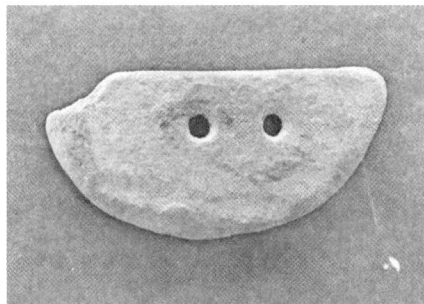

图 7-1 半月形双孔石刀
（李国栋摄于日本菜畑遗址末卢馆）

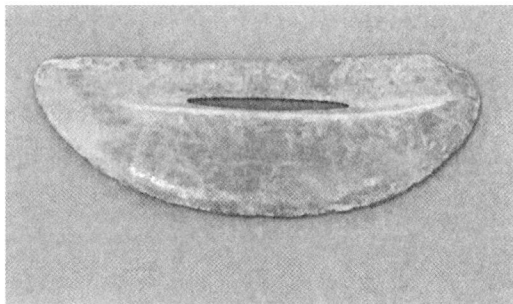

图 7-2 划槽石刀
（同图 7-1）

刀身带划槽的石刀最早出现于黄河中游的仰韶文化晚期，河南郑州大河村遗址（6800—3500 年）出土的刀身带划槽的石刀（图 7-3）便是例证。不过，这把石刀呈长方形，所以菜畑遗址出土的刀身带划槽的石刀，在形制上更接近长江下游马桥文化（3900—3000 年前）的半月形石刀（图 7-4）。

判断日本菜畑遗址刀身带划槽的石刀受到朝鲜半岛南部的影响，主要是由于日本考古学界普遍认为日本九州岛北部的稻作文化源自朝鲜半岛南部。但是，在公元前 10 世纪这个稻作初始期，日本九州岛北部与朝鲜半岛南部之间尚无稻作交流。"弥生时代公元前 10 世纪起始说"的首倡者藤尾慎一郎曾坦言："从对马、壹岐等岛屿发现了新石器时代朝鲜半岛的陶器，所以

———————————————

① 寺泽熏.王权诞生［M］.东京：讲谈社，2000：36.

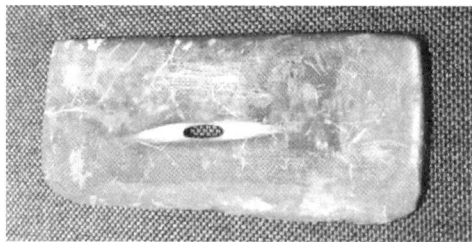

图 7-3　划槽石刀
（笔者摄于大河村遗址博物馆）

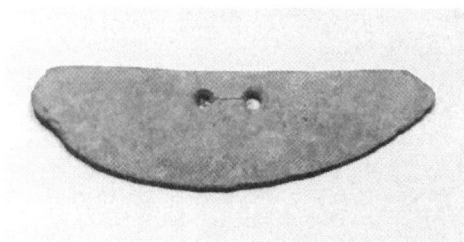

图 7-4　半月形双孔石刀
（笔者摄于浙江省博物馆武林馆区）

对马、壹岐通道肯定是新石器时代的海上通道之一。但在对马岛和壹岐岛上，至今还没有发现关键性的反映公元前 10 世纪朝鲜半岛墓制的支石墓，以及随葬在支石墓中的涂红研磨陶壶"；"在水田稻作开始出现的公元前 10 世纪后期的遗址中，并没有伴随出土过朝鲜半岛南部的陶器"[①]。由此可见，日本九州岛北部的稻作最初是否传自朝鲜半岛南部，在学术上还是不确定的。

关于支石墓与稻作传播的问题，浙江大学毛昭晰教授在《先秦时代中国江南和朝鲜半岛海上交通初探》中提供了一条非常重要的线索，即浙江南部沿海地区也有支石墓[②]。因此，朝鲜半岛的支石墓也有可能是伴随稻作一起由长江下游传过去的。也就是说，不管是朝鲜半岛南部的稻作，还是日本九州岛北部的稻作，最初都有可能是从长江下游直接传过去的。

菜畑遗址的"菜"日语读"na"。虽然"菜"的日语训读音确实是"na"，但从该遗址出土的大量的炭化米

---

① 藤尾慎一郎 . 弥生时代的历史［M］. 东京：讲谈社 ,2015：40, 115.
② 毛昭晰 . 先秦时代中国江南和朝鲜半岛海上交通初探［J］. 东方文物，2004（1）：6—15.

和稻作农具判断，这个"na"应该不是"菜"的意思。

传统稻作民族对于"稻"的称呼，大致可分为苗语系统和古越语系统。

（1）贵州东部苗语称"稻"为"na"[①]或"nee"。

（2）贵州布依语称"稻"为"hao"或"ao"。

（3）贵州侗语称"稻"为"kgou"或"ou"。

（4）广西壮语称"稻"为"khao"或"hao"。

（5）云南傣语称"稻"为"khao"或"hao"。

（6）泰国语称"稻"为"khao"。

（7）古朝鲜语称"稻"为"narak"。

（8）古日语称"稻"为"na"或"ne"，而且各有一个衍生音："ina"和"ine"。

以上是笔者调研的结果。在上述 8 种语言中，（2）—（6）是古越语（壮侗语）系统，而且在古越语系统中，确实能看出相互之间的音变关系。从古越语的发音来看，最古老的应该是"kgou"，然后，不送气的辅音"kg"变成送气的"kh"，元音"ou"受其影响也变成了"ao"。其结果，"kgou"就变成了"khao"。随后，"k"继续脱落变成"hao"。最后"h"也脱落，就变成了"ao"或"ou"。

但是，贵州东部苗语则称"稻"为"na"或"nee"（ne）[②]。古日语也称"稻"为"na"或"ne"，与贵州东部苗语完全对应。另外，古朝鲜语称"稻"为"narak"，可见也属于苗语系统。总而言之，在"稻"的称呼上，苗语系统和古越语系统完全不同，但苗语"稻"音、

① 为方便与其他语言比较，本章使用的少数民族语言拼音省略表示声调的最后一个字母。
② 苗语分三大方言，贵州东部苗语属于苗语中部方言。苗语东部方言称"稻"为"nou"，"nou"可以视为"na"的变音；苗语西部方言称"稻"为"nble"，音韵学上与苗语中部方言和东部方言的"稻"音无关。

古日语"稻"音和古朝鲜语"稻"音同属一个系统。

在古代东亚文化传播过程中，日本列岛一直扮演着最东端终点站的角色，几乎所有中国的文化最后都会传到日本，并以初始状态保存下来。另外，日本人对中国文化一直抱有欣羡之情，且习惯用某文化在中国产生时的初始发音称呼该文化。例如，长江下游是梅的原产地，也是梅文化的发祥地。当梅文化从长江下游传到日本时，日本人就刻意模仿长江下游的越语"梅"音"mme"，称"梅"为"mume"，后又音变为"ume"。由此反观，古日语"稻"音"na"与苗语"稻"音"na"的完美对应，恰好可以证明苗语"稻"音"na"是"稻"最古老的称呼。由此我们也可以明了，"菜"（na）畑遗址实为"稻"（na）畑遗址，日本最古老的"稻"是以苗语命名的。

距菜畑遗址不远的福冈县丝岛郡有曲田（magarita）遗址，距曲田遗址不远的福冈市博多区还有板付（itazuke）遗址。这三个遗址都与日本早期稻作有关，从年代上讲，菜畑遗址最古老，曲田遗址次之，板付遗址再次之。这一时序告诉我们，日本九州岛北部的稻作是由菜畑遗址逐渐向北传播的。

板付遗址（图7-5）出土了古稻田、炭化米、石刀和石镰。日本考古学家片冈宏二指出："在板付遗址发现的水田遗构修有拦水调节水量，使水往一定方向流动的设施，这在当时显示出极其高超的水准和革新性，从而使我们认为这不可能是绳纹人依葫芦画瓢学来的新技术，而是拥有这种技术的人从一开始就来到了这里。"[1]也就是说，稻作在板付遗址得到了空前发展，但支撑这一发展的是持有先进水稻耕作技术的外来人。笔者认为，这些持有先进水稻耕作技术的外来人应该就是从长江下游渡海而来的苗人。

公元前1世纪以后，在距离板付遗址不远的福冈县春日市又出现

---

[1] 片冈宏二.从弥生时代渡来人到倭人社会[M].东京：雄山阁，2006：27.

图 7-5　日本板付遗址复原模型
（李国栋摄于板付遗址弥生馆）

了一个由倭人建立的方国——奴国。公元57年，东汉光武帝赐予奴国国王一枚金印（图7-6），上刻"汉委奴国王"（图7-7）五字。"委"是"倭"的本字。

1784年2月23日，这枚奴国金印偶然从福冈志贺岛农民甚兵卫的稻田水渠边出土，所以一直有人怀疑它是假的。直到1956年中国云南石寨山遗址出土了形制、尺寸基本相同的滇王金印（图7-8、7-9），怀疑

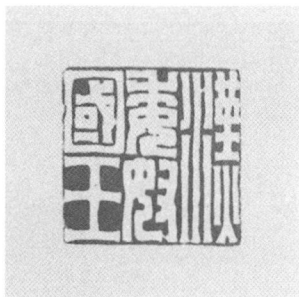

图7-6　奴国金印　　　　　　图7-7　奴国金印印面
（《国宝·考古》①）　　　　　　（同图7-6）

图7-8　滇王金印印面"滇王之印"　图7-9　滇王金印蛇钮
（李国栋摄于国家博物馆）　　　　（同图7-8）

① 日本文化厅.国宝·考古［M］.东京：每日新闻社,1984：彩图1.

才彻底消失。

与滇王金印印文相比，"奴国"前有"汉"和"委"（倭）两个限定词，显示出"奴国"位于倭岛，向汉王朝朝贡，其真正国名是"奴"。

根据《汉字古今音表（修订本）》的古音复原，"奴"的上古音发"na"①，可知"奴"即古日语"na"的汉字音译。结合前文提及的菜畑遗址，我们则可以断定，"奴"（na）也是"稻"（na）的意思，"奴"国即"稻"国。

总而言之，菜畑遗址的"菜"（na）和奴国的"奴"（na）都是对苗语"稻"音"na"的借用，由此我们便可知晓，日本远古稻作传承着"苗族基因"。

二、稻作"直传说"

据日本全国性报刊《朝日新闻》2001年6月23日报道（图7-10），日本稻作遗传学家佐藤洋一郎对日本弥生时代的池上遗址和唐古·键遗址出土的炭化米进行基因特定染色体碱基排列类型分析，然后与中国长江下游和韩国出土的炭化米进行比对，发现碱基排列分a、b、c、d、e、f、g、h八种类型，中国八种类型全有，朝鲜半岛有七种，缺少b，而日本主要是a和b，附带少量的c。由此证明b类型水稻在传播过程中没有经过朝鲜半岛，是直接由长江下游传播过去的。佐藤洋一郎的这一研究成果为稻作"直传说"提供了强有力的科学依据。

关于稻作东传路径，日本学术界有四种学说，即"北方说""南方说""直传说"和"间接说"。"北方说"的主要依据是远古时代日本列岛只有粳稻而没有籼稻这一事实。该学说认为，粳稻和籼稻都

---

① 李珍华，周长楫. 汉字古今音表（修订本）［Z］.北京：中华书局，1999：94.

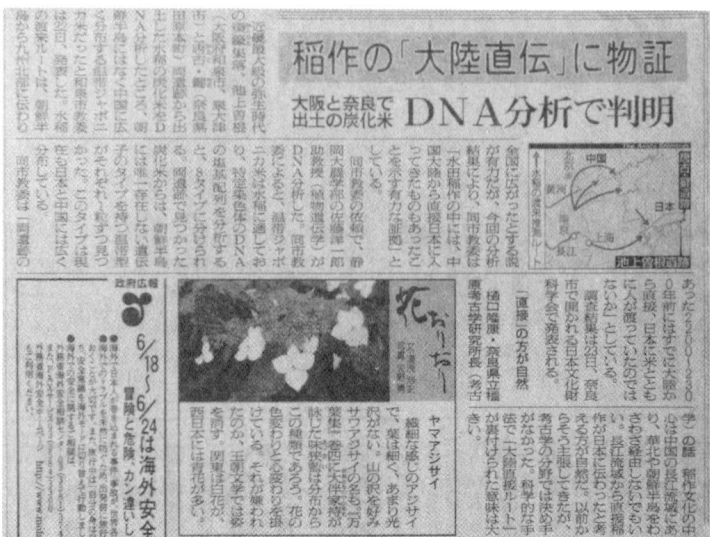

图7-10 日本《朝日新闻》有关"直传说"的报道（李国栋摄）

起源于长江中下游，但粳稻耐寒，所以只有粳稻能够向北传播，并在传播过程中经由朝鲜半岛传入日本列岛。但是，1996年，佐藤洋一郎分析长江中下游的古稻基因后指出，长江中下游远古时代只有粳稻，没有籼稻[①]。也就是说，"北方说"对于稻作起源地的基本认识是错误的。

2003年，日本国立历史民俗博物馆提出"弥生时代公元前10世纪起始说"，从而使日本九州岛北部和朝鲜半岛南部水田稻作的起始年代趋于相同，差距不超过100年。考古学年代一般会伴随几十年的误差，所以考古学的100年并不具备证明100年内孰先孰后的绝对性。由此可见，"北方说"的诸多证据现已发生根本性动摇。

---

① 佐藤洋一郎.DNA讲述的稻作文明［M］.东京：日本放送出版协会，1996：166—168.

"间接说"认为，长江下游的稻作先经江淮一带北上，从山东半岛横跨黄海传入朝鲜半岛西南部，然后再从朝鲜半岛南部传入日本九州岛北部。"间接说"与"北方说"的主要区别在于，粳稻北传时是否经过辽东半岛。"北方说"认为经过了，但"间接说"认为没经过。

20世纪六七十年代，中尾佐助、佐佐木高明等人类学家提出了"照叶树林文化论"及"东亚半月弧"概念，而且农学家渡部忠世还在"照叶树林文化论"的框架下提出了稻作"阿萨姆·云南起源说"。于是，"南方说"受到学术界瞩目，部分日本学者开始关注云贵山地少数民族的稻作文化。但90年代以后，随着长江中下游稻作考古的进展，综合性的"长江中下游起源说"逐渐获得学术界的广泛认同。

"直传说"由日本农学家安藤广太郎首倡，他认为日本的稻作是从中国江南一带传过去的。1954年，在与日本著名育种学家盛永俊太郎的对谈《日本稻作的起源与发展》中，安藤氏首先就谈到了"直传说"的三条根据：

> 作为中国的原住民族，苗族曾分布在扬子江沿岸和华南大部分地区，与其保持接触的有孟高棉语族和澳亚（南岛）语族，据说这些民族从华南到孟加拉湾都保持着稻作习俗。
>
> 关于稻的称呼，我国称"ine"，中国称"dao"，但春秋时代的吴国称"缓"（nuan），韩国称"narak"，都具有相同的"n"音。安南称"稻"为"nep"，也具有"n"音。由此看来，日本、韩国、江南、安南之间具有相互连接的脉络。
>
> 江南不仅是中国大陆与本邦距离最近的地区，而且在东中国海，对马洋流的支流呈环状，从大陆向东流动，从而使来自大陆的移民集团有条件向日本列岛迁徙。[1]

---

[1] 稻作史研究会,盛永俊太郎.稻的日本史（上）[M].东京：筑摩书房,1969：272.

安藤氏的逻辑推理是这样的：日本的稻作源自中国江南地区，而远古时代生活在江淮一带的便是苗族，《史记》中就有"三苗在江淮荆州"的记载。其次，江南一带"稻"的称呼与日语、古朝鲜语和越南语相像，所以它们之间必有关联。再者，江南与日本距离最近，而且有洋流相连。

关于第三点黑潮问题，本书第二章已有阐述；第二点"稻"的称呼问题，本章第一节也作出了更加确实的论证。至于第一点有关最早传播者的问题，正是本章所要探讨的重点。

相对于日本学术界的"北方说""直传说"和"南方说"，中国学术界也提出了"华北说""华中说"和"华南说"。在这三说中，"华中说"占据优势。著名考古学家安志敏曾在其论文《中国稻作文化的起源与东传》中明确指出：

> 关于稻作的东传途径，历来有华北、华中和华南三种说法，其中以华中说较为有力。由于长江中下游是稻作起源和发达的中心，通过海路直接输入朝鲜半岛和日本列岛是完全可能的。特别是舟山群岛出土的红烧土中也有稻谷的印痕，或可作为稻作东传的中继点。作者曾较早地支持华中说的论点，并强调稻作通过海路大体同时传入朝鲜半岛和日本列岛。至于其他两说，与考古学资料相对照，尚有待商榷。[①]

作为稻作东传日本的途径，安志敏支持"华中说"，并强调稻作是"通过海路大体同时传入朝鲜半岛和日本列岛"的。在此期间，毛昭晰等浙江学者也根据舟山群岛本岛马岙洋坦墩遗址出土的稻作遗存、洋流、季风以及长江下游与日本相似的稻作习俗，反复强调江

---

① 安志敏.中国稻作文化的起源与东传[J].文物,1999（2）：68.

南稻作文化经舟山群岛直接东传日本的合理性。由此可见，日本的"直传说"和中国的"华中说"的主要观点是完全一致的。

综上所述，稻作"直传说"已经接近定说，但还有一个弱点，即谁是最早的传播者。安藤氏虽然认为是江淮苗族，但依据比较间接，说服力不强。中国的"华中说"也止于江南吴越民的朦胧说法，需要进一步具体化。因此，要想彻底阐明稻作东传问题，就必须明确回答稻作东传的最早传播者是谁？如果是苗族的话，那就要进一步阐明是苗族的哪个支系、在什么时间段、什么原因等一系列问题。

三、苗族的起源、迁徙与稻作东传

江淮一带并不是苗族的起源地。苗族创世神话说，祖神"蝴蝶妈妈"从枫香树芯飞出，生下 12 个蛋，由"鹡宇鸟"（鹡鸰鸟）孵化，12 年后便从一个蛋中孵出了苗族始祖"姜央"。仔细分析这个创世神话，可知苗族自古就有三大信仰——枫香树信仰、蝴蝶信仰和鹡宇鸟信仰，而根据笔者长年的研究，苗族的这三大信仰最早都出现在湖南澧阳平原的城头山遗址和汤家岗遗址一带。

城头山遗址是一座直径约 300 米的圆形古城，距今 6500—4200 年。遗址内出土了稻田（6500 年前）、祭坛（6300—5800 年前）和大量木材（6000 年前）。经日本学者检测，发现 80% 以上的木材都是金缕梅科枫香属树种（图 7-11）。日本学者随后对遗址周边的植物孢粉进行检测，却发现枫香树孢粉的比例很低，不到 10%。[1] 这就说明遗址周边并不存在枫香树自然林，遗址内出土的大量枫香木是由于遗址内的祭祀需要而特意从远处搬运进来的。

---

[1] 安田喜宪.长江文明的环境考古学[J]//湖南省文物考古研究所,国际日本文化研究中心.澧县城头山——中日合作澧阳平原环境考古与有关综合研究.北京：文物出版社,2007：14.

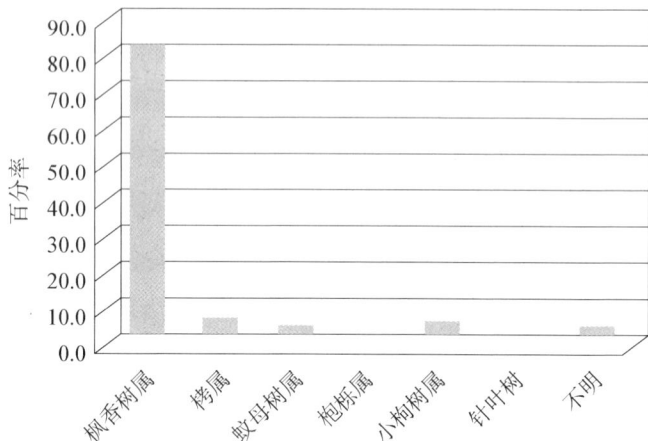

图 7-11　城头山遗址出土的木材比例

（《澧县城头山——中日合作澧阳平原环境考古与有关综合研究》[①]）

城头山遗址的祭坛附近出土了一具男性遗骨和两具女性遗骨，年代距今 5800 年。男性遗骨脖颈上佩戴着玉璜，可知他生前是城头山古城之王，旁边的两个女性应该是他的两个夫人。经复旦大学生命科学学院基因学专家李辉教授检测，男性遗骨的 Y 染色体基因谱系为 O3-F11，属于苗瑶系统。这是学术层面能够认定的最古老的苗族基因，它从科学层面向我们证明，城头山古城确实是由古苗人创建的。

汤家岗遗址离城头山遗址不远，年代距今 7000—5500 年。该遗址墓葬 M41（6600—6000 年前）出土了三件白陶盘，其中第三件陶盘的盘腹外侧出现了蝴蝶翅膀中含有鸟头的"蝴蝶鸟翅纹"（图 7-12），证明该遗址所属的文化已经出现了蝴蝶信仰和鸟信仰。

当然，笔者并不否认古苗人很早就生活在澧阳平原，但从上述考古证据判断，从 6600 年前起，古苗人

[①] 安田喜宪.长江文明的环境考古学［J］//湖南省文物考古研究所，国际日本文化研究中心.澧县城头山——中日合作澧阳平原环境考古与有关综合研究.北京：文物出版社，2007：14.

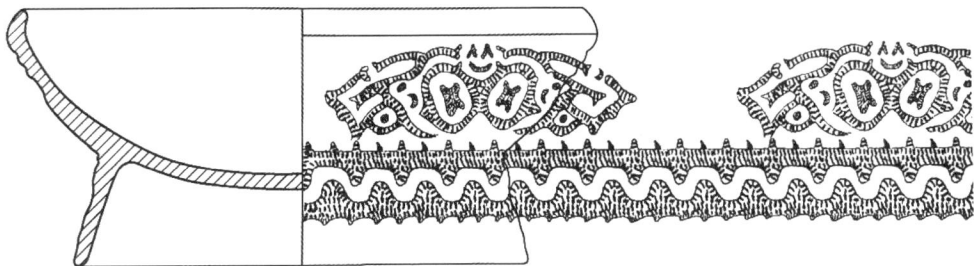

图 7-12　蝴蝶鸟翅纹
（《安乡汤家岗——新石器时代遗址发掘报告》②）

开始分成蝴蝶氏族、鹢宇鸟氏族和枫香树氏族，但到了6000年前，蝴蝶氏族和鹢宇鸟氏族为枫香树氏族所统合，于是，枫香树信仰便成了苗族的根本信仰。因此我们可以说，苗族是在6000年前，以稻作农耕为基础，枫香树信仰为核心，由古苗人中的枫香树氏族、蝴蝶氏族和鹢宇鸟氏族凝聚而成的。

从5800年前起，澧阳平原的稻作文化开始以城头山古城为起点向东北方向传播。5000年前传播到安徽北部蒙城县的尉迟寺遗址一带，大汶口文化晚期传入山东半岛。古苗人也随之向东北方向迁徙，并从大汶口文化晚期起逐渐进入山东半岛。

山东半岛的稻作考古成果显示，从4300年前起稻米取代粟成为山东半岛的主粮。② 由此反推，苗族族属的九黎稻作联邦此时已在山东半岛形成。九黎稻作联邦持续了400年，其晚期领袖便是与炎黄联盟争战的蚩尤。蚩尤苗语实名"yu"（you），被苗族人尊称为"ghe（gəu）yu（you）"，即"尤公"。

---

① 湖南省文物考古研究所.安乡汤家岗——新石器时代遗址发掘报告（上）[C].北京：科学出版社,2013：290.
② 凯利·克劳福德等.山东日照市两城镇遗址龙山文化植物遗存的初步分析[J]//栾丰实.两城镇遗址研究.北京：文物出版社,2009：274.

根据日本著名环境考古学家安田喜宪的研究，4200—4000年前，东亚地区气温骤降。[1] 笔者推测，在高纬度的山东半岛种植水稻的蚩尤九黎稻作联邦此时遭受到严重打击，水稻大面积减产，甚至绝收。因此，蚩尤虽然被称为"战神"，但最终还是败给了以抗寒耐旱的粟作为生计方式的炎黄联盟。苗族口传资料记载，蚩尤战败是因为"老天爷心眼坏了""丢了龙心"以及"雷老五（雷公）偏袒黄赤二龙"。乍听起来听不懂，但在4200—4000年前东亚气候寒冷化的背景下理解，则可以领悟上述神话话语的真意。天气为什么会越来越冷、越来越干旱？对于无法理解气候寒冷化的古苗人来说，只能认为是"丢了龙心"或"雷老五（雷公）偏袒黄赤二龙"。因此，蚩尤的战败并不能怨蚩尤，只能归结为"老天爷心眼坏了"。

蚩尤的战败导致九黎稻作联邦崩溃，大批蚩尤后裔流落江淮一带，被华夏族称为"淮夷"，与长江下游的古越人相邻而居。今天居住在云贵山地的布依族曾居住在长江下游，是古越族的直系后裔。笔者在云贵山地做田野调查时采访过许多布依人，布依族有四种自称："bu yi""bu yiei""bu yue"和"bu yai"。"bu"指"人"，"yi""yiei""yue""yai"皆为"越"的变音，所以按照修饰语后置于中心词的布依语语序翻译，"bu yi""bu yiei""bu yue"或"bu yai"都是"越人"的意思。布依语称苗族为"bu yu"，"bu"指人，"yu"为蚩尤的苗语实名，所以"bu yu"可直译为"尤人"，即以蚩尤为始祖的苗人。

3000多年前，周朝推翻商朝。一年后商纣王儿子武庚反叛，得到"淮夷"的大力支持。郭沫若认为："淮夷即楚人，亦即《逸周书》作雒解中之'熊盈族'。"[2] 湖南澧阳平原是苗族的发祥地，楚国的主

① 安田喜宪.稻作渔猎文明——从长江文明到弥生文化[M].东京：雄山阁，2009：126.
② 郭沫若著作编辑出版委员会.郭沫若全集第四卷·考古编[M].北京：科学出版社，2002：58.

体也是苗族，而且湖南的苗族至今仍自称"xong"，汉
字作"熊"，与"熊盈族"的"熊"以及楚国历代君王名
字中的"熊"完全相同。由此我们也可以看出，"淮夷"
实际上是中原华夏族对迁居淮水流域的蚩尤后裔的一
种地域性称呼。

　　淮夷的始祖是皋陶（图7-13），因皋陶和他儿子
伯益辅佐大禹治水有功，大禹即位后便举荐伯益当官，
还把徐地封给了伯益的儿子若木（图7-14）。于是，
徐夷便从淮夷中分化出来，建立了徐国。

图7-13　古皋陶墓
（李国栋摄于安徽省六安市）

图 7-14　中华徐氏文化园始祖徐若木墓碑
（李国栋摄于山东省郯城县）

周穆王是周朝第五代王，其在位年代正值公元前10世纪中期[1]。周穆王十三年，徐偃王曾率众"以伐宗周，西至河上"。历史学家李修松认为，徐夷与淮夷同族，"早在夏代之前，即由今山东曲阜、潍水一带迁居淮河流域"[2]。山东曲阜至潍水一带是蚩尤九黎稻作联邦的故地，淮夷始祖皋陶亦出生于曲阜。"皋陶"现代音读"gao yao"，上古音读"ku ʎiu"[3]，两个发音都

---

① 夏含夷.从〈录见〉篇看周穆王在位年数及年代问题[J].中国历史人物，2006（3）：10.

② 李修松.徐夷迁徙考[J].历史研究，1996（4）：5.

③ 李珍华，周长楫.汉字古今音表（修订本）[Z].北京：中华书局，1999：275，268.

与蚩尤的苗语尊称"ghe（gəu） yu（you）"发音相近。另外，徐夷的"徐"本字"余"，其上古音读"ʎia"，在保存着许多汉语上古音的闽南语中读"u"[①]，可知上古音的"余"既与皋陶的"陶"相通，也与蚩尤的苗语实名"yu"（you）近似。也就是说，在蚩尤九黎、皋陶淮夷和若木徐夷之间存在着一条"yu"（you）音证据链，证明皋陶淮夷和若木徐夷都是蚩尤的后裔。

徐偃王是徐国第三十二代王，伐周失败后退守舟山群岛，筑城抵抗。《史记·秦本纪》正义引《括地志》云："徐城在越州鄮县东南入海二百里。夏侯《志》云翁州上有徐偃王城。（中略）或云命楚王帅师伐之，偃王乃于此处立城以终。"[②]据现代考证，徐偃王城就在舟山主岛的城隍头村一带。既然徐偃王及其族人已经逃到舟山群岛，兵败后其族人继续向东逃亡，乘黑潮去日本九州岛北部避难，则应该是自然的选择。作为稻作民的思维，跨海避难时必然要带上稻种，以保证自己今后的食粮。但他们万万没有想到的是，这一行为无意中将稻作农耕传播到日本列岛，并开启了日本的新时代——弥生时代。

徐偃王族人舟山兵败后出海逃亡的时间，与日本九州岛北部出现菜畑遗址的时间完全相符，如果再结合本章第一节所阐明的、古日语"稻"音"na"源自苗语"稻"音"na"这一词源学证据，我们则可以推断，作为蚩尤后裔的徐偃王族人应该就是稻作东传日本的最早传播者。

四、"汤津香木"与蚩尤

蚩尤后裔，或者说徐偃王族人是稻作东传日本的最早传播者，这

[①] 李珍华，周长楫.汉字古今音表（修订本）[Z].北京：中华书局,1999：85.
[②] 韩欣.三家注史记（1）[M].天津：天津古籍出版社,2017：87—88.
此处"楚王"多被认为指"楚文王"，但楚文王与周穆王并不同时，疑所指有误。

是笔者提出的一个全新的学术观点。那么，在日本的古文献中是否留下了蚩尤及其后裔的印记呢？

712年成书的《古事记》记载了一则神话，叫《海幸彦与山幸彦》，描写了山幸彦弄丢海幸彦的鱼钩后，在盐椎神的帮助下去海神宫寻找鱼钩的场景。

> 盐椎神来，问道："日之御子何故在此哭泣？"答道："我与兄长换来鱼钩，却把鱼钩弄丢了。他让我赔，我便赔了他许多鱼钩，但他都不要，说只要原来的那个鱼钩。我没办法，只好在这里哭泣。"于是，盐椎神道："我来给你想想办法吧。"随后便造了一条无缝竹笼小船，让其上船，并嘱咐道："我把船推开，船自己会走一段时间的，会有一条很好的潮路。顺着这条潮路一直前行，就会看到鱼鳞铺顶的宫殿，那就是绵津见神之宫了。到那宫门前，你会看到旁边水井上方有一棵汤津香木，你就坐在那棵树上，等候海神之女来见你，她会和你商量怎么办的。"①

这是盐椎神临行前嘱咐山幸彦的一段话。山幸彦到达"绵津见神之宫"，即海神宫后，便按照"盐椎神"的嘱咐，先爬到大门外水井上方的"汤津香木"（yutsukatsura）上，等到海神之女丰玉毘卖的侍女来井边汲水，便通过她见到了丰玉毘卖。最后，山幸彦不仅找回了丢失的鱼钩，还与丰玉毘卖结为伉俪，在海神宫度过了三年幸福的时光。

在《古事记》中，"汤津香木"亦作"汤津枫"，在720年成书的日本第一部正史《日本书纪》中则写作"汤津杜木"或"汤津杜树"。

---

① 古事记［M］.仓野宪司，校注.东京：岩波文库，1963：72—73.

汉字虽各有不同，但日语发音完全一样。"杜木"与"社木"相通，有神圣标志之意。因此从这个意义上讲，海神宫大门外水井上方的那棵"汤津香木"，完全可以视为海神宫的神圣标志。

关于"汤津香木"的种属，日本人一般认为是指"连香树"。但是，日本《古事记》研究家仓野宪司认为，不管是写作"汤津香木"，还是写作"汤津枫"，都是指"枝叶繁茂的枫树"①。

在中国，枫树有两种：一种是指北方常见的槭树科枫树，树高7—8米，树干直径20厘米左右，根本谈不上"枝叶繁茂"；另一种是指淮河以南才能见到的金缕梅科枫香树（图7-15），树高30米，树干直径1—2米，有乳白色树脂从树干流出，发出淡淡的甜香。如此高大的枫香树确实可以称作"枝叶繁茂"，倘若再结合"香木"二字，笔者认为"汤津香木"（汤津枫）应该是指金缕梅科枫香树。

当然，对于理解"汤津香木"的本义，其日语读音"yutsukatsura"中的第一个音"yu"也很重要。有日本学者指出："yu 作'斋'，神圣之意，与'imu'的'i'同。'tsu'相当于助词'的'"②。"yu"具有神圣之意，而且在日语中"yu"确实可以和"i"互为音转，所以说"yu"的神圣之意源于"imu"的"i"是可以理解的。但是，古日语里并没有"yumu"这个词，所以笔者认为，《古事记》和《日本书纪》中的"yu"并不是"imu"的"i"的音转，它应该不是日语固有词语。

前文说过，枫香树是苗族的祖神树，而祖神树一般都会作为"守寨树"种在村口。2014年，笔者第一次去贵州省施洞镇调研时，在巴拉河村口发现了一口古老的水井，而且水井上方种着一棵高大的枫香树（图7-16）。这不禁使笔者想起《古事记》中"盐椎神"送"山幸彦"去海神宫的描述，并在那一瞬间领悟到：《古事记》中所记载

---

① 古事记［M］.仓野宪司，校注.东京：岩波文库，1963：57.
② 日本书纪（一）［M］.坂本太郎，家永三郎，井上光贞等，校注.东京：岩波文库，1994：113.

图 7-15　枫香树

（李国栋摄于贵州丹寨县腊尧村）

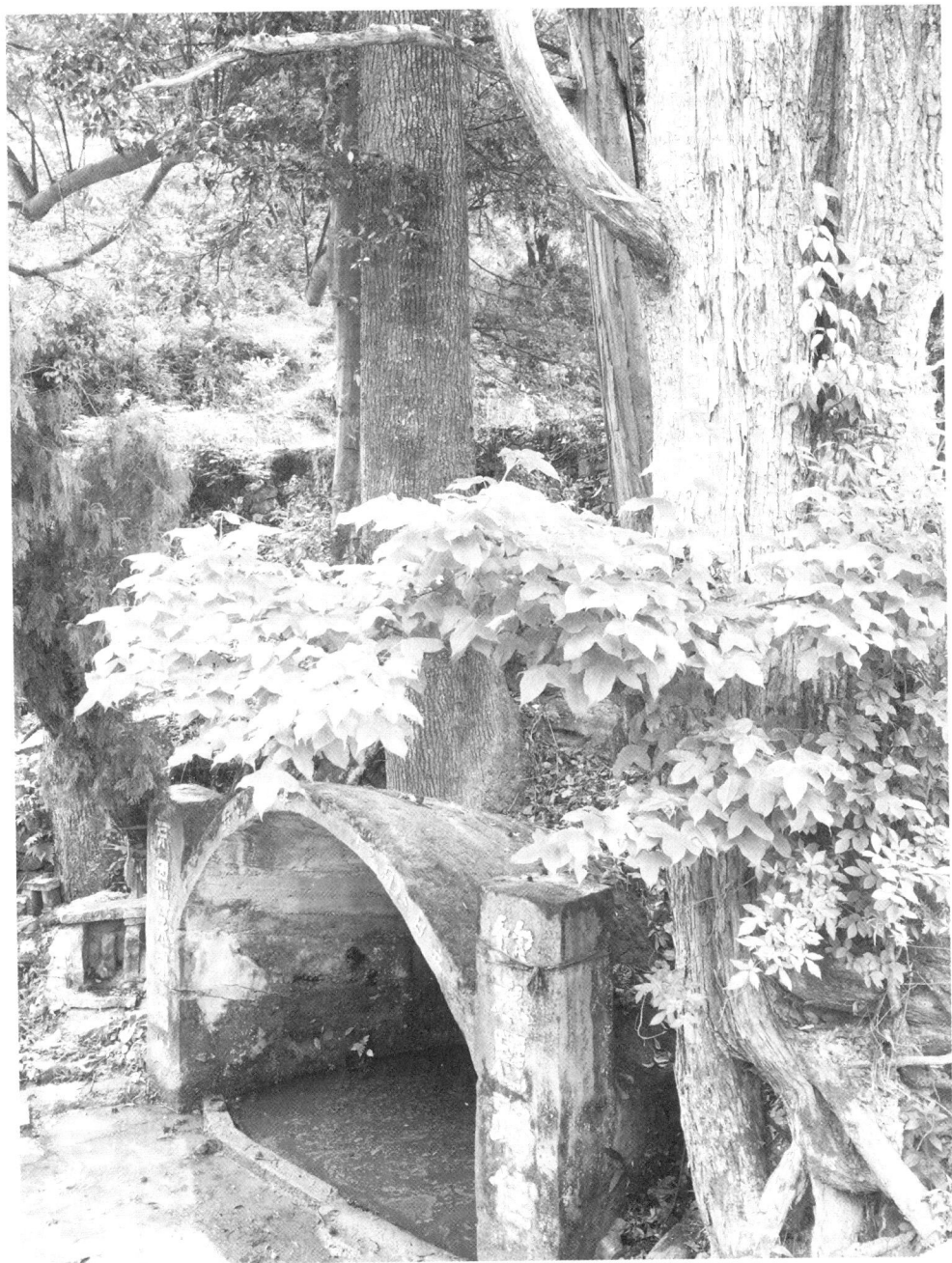

图 7-16　水井上方的枫香树

（李国栋摄于贵州台江县施洞镇巴拉河村口）

的海神宫原来就是一个苗寨!

其实,日本列岛自古并无枫香树种,《古事记》中却出现了枫香树(汤津香木),这就足以证明,部分古苗人确实迁徙到了日本。另外,根据《古事记》记载,造访海神宫,并与丰玉毗卖结婚的山幸彦是日本第一代天皇神武天皇的祖父,而日本著名环境考古学家安田喜宪曾亲口告诉笔者,现在东京皇居庭院中也种着一棵枫香树。由此我们可以知晓,日本天皇家族与苗族之间一直存在着共同的枫香树信仰。

枫香树不仅生出了苗族祖神"蝴蝶妈妈",也与蚩尤密切相关。《山海经·大荒南经》曰:"有宋山者,有赤蛇,名曰育蛇。有木生于山上,名曰枫木。枫木,蚩尤所弃其桎梏,是谓枫木。"桎梏蚩尤的木枷上沾满了蚩尤的鲜血,所以蚩尤被杀后,沾满蚩尤鲜血的木枷就变成了晚秋树叶会变红的"枫木"。4200年以前,山东半岛的平均气温比现在高2度,气候和今天的浙江一样,所以当时的山东半岛也适合枫香树生长。另外,从古地理学角度看,《山海经·大荒南经》是指长江流域,而蚩尤死后,他的部分子孙也确实撤回到长江以南,后又进入湘西及云贵山地,繁衍至今。笔者在云贵山地见过许多枫香树,而且在贵州省丹寨县扬颂村和腊尧村还见过蚩尤的直系后裔。

综上所述,枫香树不仅是苗族的祖神树,也与蚩尤之间有着"血"的关系。如果在此基础上再一次审视"汤津香木"的日语读音"yutsukatsura",我们则会发现其第一个发音原来是借自蚩尤的苗语实名"yu"(you)。后面的"tsu"意"的","katsura"特指连香树一样高大的"枫香树"。因此,"yutsukatsura"可以译为"尤的枫香树"。日本的枫香树以蚩尤的苗语实名"yu"冠名,这就足以证明,将苗族的枫香树信仰传播到日本的确实是蚩尤后裔"尤人"。

五、"汤锹山""汤锹"与"汤种"

日本天皇家族专属的伊势神宫保留着两册古文献——《皇太神宫仪式帐》和《止由气宫仪式帐》。《皇太神宫仪式帐》保存在内宫,《止由气宫仪式帐》(图7-17)保存在外宫。两册古文献写于公元804年,使用日式汉语,内容真实可靠。

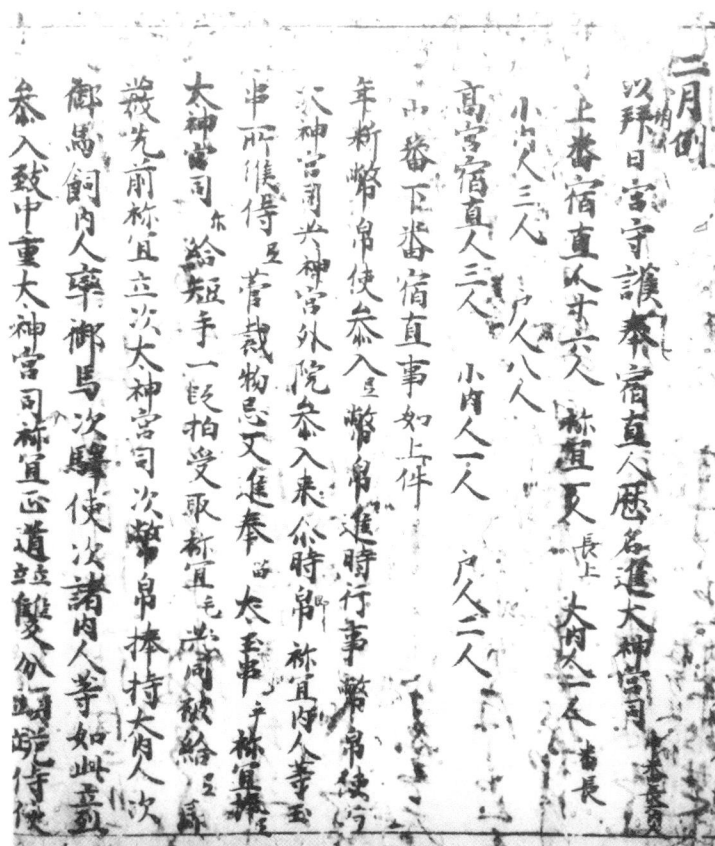

图 7-17 《止由气宫仪式帐》(《神道大系　神宫编一》[1])

---

[1] 胡麻鹤醇之,西岛一郎.神道大系　神宫编一　皇太神宫仪式帐[M].东京:精兴社,1979:卷首影印.

两册古文献对每月的祭祀仪式进行了详细记录。例如，关于农历二月的播种仪式，《皇太神宫仪式帐》中便有如下描述：

> 首先于初子日，始播供奉大神宫朝御馔、夕御馔御田之种。祢宜、内人等，率向山物忌子登汤锹山时，携带忌锻冶内人所造铜人偶及镜、铧等种种贡品，山口祭神。然后，到栎树下祭树。（中略）制成汤锹，诸祢宜、内人等，头戴扶芳藤编制头蔓下山，至大神御馔所之御田，令酒作物忌父手执汤锹，开始耕作大神垂迹之神田，时有田歌、田舞相伴。完毕，诸神田及百姓诸田则开始耕作。[①]

《止由气宫仪式帐》中也描述了农历二月的播种仪式，内容大致相同，只是在"祢宜、内人等"下山到达"太神御馔所之御田"后写道："首先，由营裁物忌执汤锹始耕，始播汤种"[②]。

在整个播种仪式中，有三个关键词非常重要，即"汤锹山""汤锹"和"汤种"。三个词都冠以"汤"字，而且日语读音都是"yu"，这就又使笔者联想到蚩尤。前文已经指出，蚩尤的苗语实名是"yu"，所以"汤锹山""汤锹"和"汤种"则可以分别理解为"yu 锹山""yu 锹"和"yu 种"。

"yu 种"这个词值得特别注意。首先，它可以理解为"尤人的稻种"，其中充满了"尤人"对自己族群的自豪。但在更本质的层面上，它应该是指以"尤人"的始祖"尤"（蚩尤）命名的稻种。将这两层含义综合起来考虑，我们则可以知晓，日本稻作的初始稻种确实是由蚩尤后裔"尤人"带到日本的。

---

① 胡麻鹤醇之，西岛一郎.神道大系　神宫编一　皇太神宫仪式帐[M].东京：精兴社，1979：142—143.

② 胡麻鹤醇之，西岛一郎.神道大系　神宫编一　止由气宫仪式帐[M].东京：精兴社，1979：265—266.

　　《日本书纪》中记载了一段有关天皇家族迁徙的故事，叫《天孙降临》。太阳女神"天照大神"打算派遣自己的儿子"天忍穗耳尊"从"高天原"降临"日向国"，降临之前授其一面铜镜和几把稻种，并嘱咐道：

> 　　吾儿视此宝镜，当犹视吾。可与同床共殿，以为斋镜。（中略）又敕曰："以吾高天原所御斋庭之穗，亦当御于吾儿。"①

　　铜镜称"斋镜"，稻种称"斋庭之穗"，而"斋"则具有明显的宗教神圣性。当然，"天忍穗耳尊"正准备降临时，儿子"琼琼杵尊"出生了，所以最终"琼琼杵尊"代父降临，把神圣的"斋镜"和"斋庭之穗"带到了"日向国"。

　　"斋庭之穗"古日语读"yunihanoinanoho"，"yuniha"即"斋庭"，可见"斋庭"的第一个音又是"yu"。结合前文论证的"尤种"，笔者断定这个"yu"也是指蚩尤。后面的"niha"指"庭"，此处用作稻田。

　　用作稻田的"庭"使笔者联想到一个贵州东部的苗语词汇，叫"ong ghe ti"。"ong"意"水塘"，"ghe"指"祖公"，"ti"为"庭院"。作为一个固定词语，"ong ghe ti"有两个意思：其一指"庭院前的水塘"，其二指"祖传田"。由此旁证推测，日本"天照大神"的"斋庭"实际上应该是指"祖传田"。至于这块祖传田的"祖"指何人，"yu"这个音则明确无误地告诉我们，是指蚩尤。换句话说，"斋庭"即"yu 田"。

　　"斋庭之穗"的"穗"读"inanoho"，这一点也值得注意。

---

① 日本书纪（一）［M］.坂本太郎，家永三郎，井上光贞，等，校注.东京：岩波文库，1994：461.

"inanoho" 的 "ina" 是 "na" 的派生词，日本音韵学家藤堂明保认为 "i" 具有 "神圣" 之意 ① 。"no" 意 "的"，"ho" 指 "穗"，所以倘若直译，"inanoho" 即 "神圣之稻穗"。"yuniha"（斋庭）与 "inanoho"（穗）之间还有一个 "no"，表示 "之"，所以作为一个整体，"斋庭之穗"（yunihanoinanoho）可以译为 "尤田之神圣稻穗"。

"天照大神" 的祖传田称 "yu 田"，而 "yu 田" 里种的又是以苗语 "稻" 音 "na" 为词根的神圣水稻 "ina"，所以我们可以断定，日本稻作文化是以蚩尤为祖源的。

总而言之，冠以 "yu"(you) 音的关键词 "汤津香木""汤锹山""汤锹""汤种" 和 "斋庭之穗"，都可以视为蚩尤及其后裔 "尤人" 在日本古文献中留下的印记，而这些印记恰恰可以支撑本章第三节提出的学术观点 —— 蚩尤后裔是稻作东传日本的最早传播者。

---

① 藤堂明保, 清水秀晃. 日本语词源辞典 —— 日本语的诞生 [Z]. 东京: 现代出版, 1984: 51.

第
八
章

日本稻魂信仰的始源

一 起始年代

传统稻作民族都有稻魂信仰，日本的大和民族也不例外。

日本的稻魂信仰始于何时，没有文献记载。但根据考古成果判断，从稻作农耕传入日本列岛的时候起，日本就有稻魂信仰了。

第七章我们谈过九州岛北部菜畑遗址出土的石刀。其实，该遗址不仅出土了石刀，同时还出土了石镰（图8-1）。板付遗址也一样，既出土了石刀，也出土了石镰（图8-2）。

图 8-1　石镰
（李国栋摄于菜畑遗址末卢馆）

图 8-2　石刀和石镰
（李国栋摄于日本福冈市博物馆）

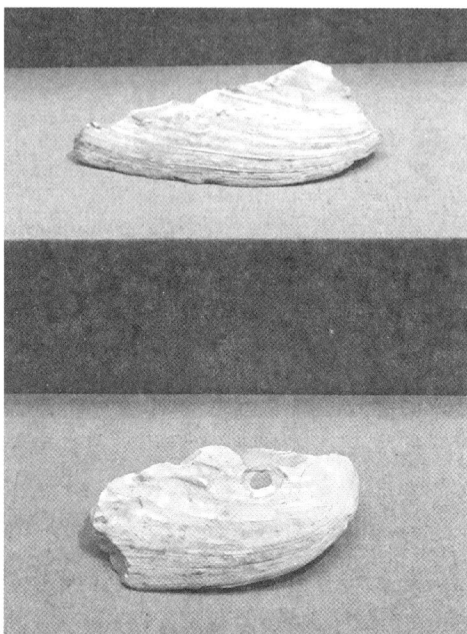

图 8-3　蚌镰和蚌刀
（李国栋摄于安徽博物院）

稻作起源于长江中下游，江淮一带的稻作农耕非常古老，安徽蚌埠市双墩遗址就同时出土了 7300 年前的蚌刀和蚌镰（图 8-3）。从稻作史的角度思考，在 12000—8600 年前的野生稻采集阶段肯定已有石刀这样的采集工具，所以在稻作文化圈，石刀的历史远比石镰古老。进入栽培稻阶段后则出现了石镰，石镰的收割效率虽然远远高于石刀，但并没有取代石刀，而是二者并存。

仅就长江下游的稻作农耕而言，石刀与石镰的并存可以追溯到良渚文化时期，并一直延续到马桥文化时期。马桥文化时期结束的 3000 年前这个时间节点非常重要，它正好与日本菜畑遗址的起始年代相接。另外，

菜畑遗址出土的石刀，在直背弧刃这一形制上也确实
保持着长江下游石刀的特色 ①。因此，要想阐释菜畑遗
址石刀与石镰并存的原因，我们则需要在中国古老的
稻作习俗中寻找答案。

远古时代的长江下游生活着古苗人和古越人，但
秦汉以后，大部分被汉化，不愿汉化的则逃进了云贵
山地。为了探究日本稻作文化的源头，笔者曾去云贵
山地做了 6 年田野调查，发现云贵山地的苗族、侗族、
布依族、傣族等传统稻作民族至今仍然同时使用摘刀
和镰刀。当然，今天使用的摘刀已经不是石刀，而是
木制铁刃系绳摘刀（图 8-4），或牛角制刀体、铜制刀
体、铝制刀体外加铁刃和竹柄（图 8-5）的摘刀。

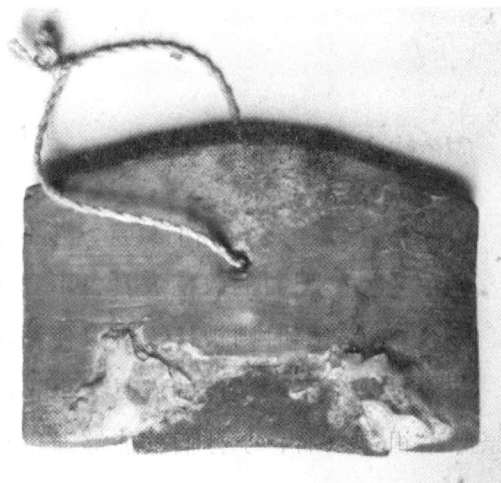

图 8-4　木制铁刃摘刀
（李国栋摄于贵州凯里市）

图 8-5　铜制铁刃竹柄摘刀
（李国栋摄于贵州从江县）

① 梶山胜.试论长江下游新石器时代的稻作和旱作（续）[J].刘小燕,
译.宋小凡,校.农业考古,1992（1）：75.

笔者在田野调查中发现，当地稻作民使用摘刀和镰刀是有严格区别的。收获糯稻，特别是收获祭祖用的高秆糯稻时，必须使用摘刀；但收普通粳稻或籼稻时，则使用镰刀。杨筑慧和王欢也在其论文《摘禾刀：一项关于西南民族糯稻收割工具的历史文化钩沉》中指出："需要提及的是，摘禾刀所收割的糯稻主要是当地传统高秆糯稻品种，（中略）而镰刀则多用于收割黏稻（非糯性稻），或新品种糯稻，即一些少数民族所说的'小糯'或'打谷糯'。"①

至于当地稻作民为什么要严格区分摘刀和镰刀，笔者在访谈中得知一条非常重要的信息，即使用摘刀直接摘取稻穗时，稻魂感觉不到疼痛，所以可以保证稻魂留在稻谷中；如果使用镰刀割稻秆，稻魂就会感觉到疼痛，并从稻谷中跑掉。因此，传统稻作民认为，用摘刀摘取的糯稻稻穗是有稻魂的，而用镰刀割取的粳稻和籼稻则没有稻魂。

在贵州传统稻作民族的祭祖仪式中或与祖先沟通的宗教仪式中，都需要使用古老的高秆糯稻，并供奉糯米饭或糯米粑，但禁止使用粳稻和籼稻。也就是说，糯稻具有一种粳稻和籼稻所没有的神圣性。倘若我们要继续分析糯稻神圣性的由来，则必须涉及稻魂。

使用镰刀收割粳稻或籼稻，是为了获取日常食用的粮食，并不是为了保留稻魂。换句话说，镰刀只是技术层面的收割农具，不具备巫术功能。与此相反，用摘刀摘取糯稻稻穗时则被认为可以使稻魂保留在稻谷之中，所以可以说摘刀是具备巫术功能的农具。也正因为如此，将摘刀摘取的糯稻祭献给祖灵以后，子孙们就能够通过稻魂与祖灵沟通。

日本学者欠端实曾在《圣树、稻魂和祖灵——哈尼文化与日本文

---

① 杨筑慧，王欢.摘禾刀：一项关于西南民族糯稻收割工具的历史文化钩沉[J].中央民族大学学报（哲学社会科学版），2019（1）：36.

化的比较》中论及稻魂与祖灵，并认为稻魂即祖灵[①]。
李静也在《稻魂信仰与祖灵信仰》中再次以日本大和民
族和云南佤族为例，论证了稻魂与祖灵的一体性[②]。但
是，笔者在云贵山地田野调查时发现，稻魂虽然与祖
灵密切相关，但并不等同于祖灵。

有些苗族鬼师可以做"过阴米卜"，
即通过稻魂与阴间交流。他们带上头帕，
遮住双眼，然后将一小把高秆糯稻放在
耳边，通过稻魂来听取阴崽传递回来的
信息，然后再与雇主交流（图 8-6）。
由此我们可以看出，稻魂并非祖灵。

云贵山地有关稻魂的信仰以及摘刀
的巫术性，原原本本可以作为日本菜畑
遗址石刀与石镰并存的注脚。因此我们
可以断定，日本的稻魂信仰始于公元前 10 世纪的九州
岛北部，其文化源头在长江下游。

图 8-6　苗族鬼师
作法
（安红摄于贵州三
都县盖赖村）

野生稻采集阶段就有石刀，但那时是否有稻魂信
仰，我们不得而知。因为我们无法证明那时的石刀到
底是技术层面的实用性采集工具，还是同时具有巫术
功能。但是，进入稻作农耕时代以后，技术层面的石
镰和巫术层面的石刀形成鲜明对比，这样才使我们获
得了实证稻魂信仰有无的客观证据。在稻作文化研究
界，如何实证稻魂信仰一直是个难题，不过现在，我
们终于找到了一个来自考古遗址的物证，即同时出土

---

① 欠端实.圣树、稻魂和祖灵——哈尼文化与日本文化的比较[J].思想
战线,1998（12）：34.
② 李静.稻魂信仰与祖灵信仰[J].云南民族大学学报（哲社版）,2010(4)：
104—107.

的石刀与石镰。将石刀与石镰的并存作为证明稻魂信仰存在的物证，迄今为止尚属首次，而这一证据的发现，完全有赖于将"技术"和"巫术"区别开来的视角。

三、稻魂的始源

稻魂是如何产生的？这个问题在科学层面无法回答，因为我们在科学层面还无法证明稻魂存在或不存在。但是，日本远古稻作民确实相信稻魂存在，而且还知道稻魂的始源。

古日语对"闪电"有三种称呼，第一种称"inabikari"。日本权威辞典《新编大言海》解释道："所谓稻光、稻魂者，据传乃因炎旱之日稻得电光雷雨而结实之故也。"[1] "inabikari"的"ina"指"稻"，"bikari"是"hikari"的浊音化，本义为"光"。因此，其汉字表述之一便是"稻光"。"inabikari"也可以写作"稻魂"，这就证明日本人所理解的稻魂与闪电有关。另外，闪电似蛇形，意味着稻魂与天上的蛇神有关。

古日语"闪电"的第二种称呼是"inazuma"，汉字作"稻夫"，指"稻之夫君"，即蛇神。不过，"inazuma"也可以写成"稻妻"，但写成"稻妻"后，其意义则变为"蛇神之稻妻"。

第三种称呼是"inatsurubi"，本义为"稻之交合"，汉字作"稻交接"或"电"。打雷必有闪电，所以从这个意义上讲，蛇神也是雷神。认为稻魂与雷电相关，也符合其内在逻辑。《新编大言海》指出："所谓稻妻，稻交接者，稻孕穗之义也。"[2] 也就是说，"inatsurubi"和"稻妻"同义，都是侧重稻谷一方的表述，而"稻夫"和"电"则是侧重蛇神一方的表述。

---

[1] 大槻文彦.新编大言海〔Z〕.东京：富山房,1982：201.
[2] 大槻文彦.新编大言海〔Z〕.东京：富山房,1982：200—201.

以上三种称呼都具有阴阳交合之义。梅雨期间，日本经常有雷雨，而这个时期也正是水稻的灌浆结实期。古代日本人认为，灌浆结实肯定是阴阳交合的结果，那在此期间水稻和谁交合呢？于是便找到了闪电，认为蛇神是通过蛇形的闪电从天而降，与稻田里的稻穗交合的。在日本传统文化中，蛇神为雄性，所以闪电被写作"稻夫"，而稻田中的稻穗则被视为雌性的"稻妻"。古日语称"稻穗"为"inaho"，"ho"的本义指"女阴"，可引申为"子宫"。由此可见，日本人是将稻穗理解为稻的子宫的。

蛇神通过闪电与稻穗交合，精液注入稻穗后，稻壳里便结出了浊白色的稻米。从这一逻辑推断，在最本源的意义上，日本人所理解的稻魂应该是指蛇神的精液。

日本所有神社的祭祀殿或正殿前都会悬挂"标绳"（shimenawa），而最大最粗的标绳则悬挂在日本出云大社的神乐殿前（图8-7）。标绳由两股稻草绳拧成，两蛇交尾正是这一样态。蛇的交尾时间长达15小时以上，象征旺盛的生命力。由此可知，神社悬挂的标绳肯定具有祈祷稻作丰收的含义。

当然，有人也许会问，悬挂两蛇交尾样态的标绳真的可以带来稻谷丰收吗？倘若将标绳理解为一种稻作巫术，答案则是肯定的。人类学名著《金枝》将巫术分为"顺势巫术"（模拟巫术）和"接触巫术"①，而标绳正属于"顺势巫术"的一种。标绳通过"顺势"或者说"模拟"，便可以将蛇神旺盛的生命力转化为稻谷丰收。

总而言之，古日语的"闪电"和悬挂于神社的"标绳"从巫术思维和现实形象两个方面向我们证明，日本的稻魂原本指蛇神的精液，它被认为是在水稻灌浆结实期，蛇神通过闪电与稻谷交合而产生的，稻米就是稻魂的结晶。

---

① J.G.弗雷泽.金枝（上册）[M].汪培基,徐育新,张泽石,译.北京:商务印书馆,2013: 26

图 8-7　日本出云大社的标绳
（李国栋摄）

三、祭祀稻魂的"千木"

稻魂产生以后，就一直停留在稻穗中，到了收获季节，便随着摘刀摘取的稻穗进入吊脚楼谷仓。然后，就一直住在吊脚楼谷仓里，直到翌年播种为止。

对于进入谷仓的稻魂，古日语中有一个专有名称，叫"仓稻魂命"（ukanomitamanomikoto），是一位女神。"仓稻"读"uka"，一般认为"uka"是"uke"的音转，"大食"之意。但也有学者认为，"uka"源自南岛语"ugaru"，本义为"蛇神"①。

在中国，稻魂一般也被视为女性②，管彦波曾在《谷魂信仰：稻作民最普遍的信仰形式》中，对云南少数民族的叫谷魂习俗以及稻谷进入谷仓后的谷魂祭祀做过详细介绍，并指出：

> 在中国古代，谷神是社稷诸神复合的一个神名，每年只是在十月十五日的收获感谢祭祀中出现。和代表土地的社神相比，代表谷物的稷神处于劣势的地位。但是在云南各民族的稻作信仰体系中，谷魂作为一种存在于人与神之间的超自然体，在人们的心目中备受尊崇，被人们视为生活中须臾不能离开的神灵。人们不仅在播种、收获等关键时刻要隆重地祭拜之，平时也要小心祀奉，加以礼待，取悦慰劳。③

以上这段论述不仅适用于云南，也适用于日本，只不过日本祀奉取悦的方式与云南不同。在日本乡村，现在已经看不到吊脚楼谷仓

---

① 吉野裕子.天皇的祭祀［M］.东京：讲谈社，2000：268.
② 虎月放.傣文文献《谷魂》与傣族的宗教信仰［J］//中国古文字研究（第四辑）.天津：天津古籍出版社，1991：211—218.该文介绍，在傣语文献《谷魂爷爷》中，谷魂作为与佛祖抗争的神灵被描写为男性.
③ 管彦波.谷魂信仰：稻作民最普遍的信仰形式［J］.贵州民族研究，2005（3）：98.

了，但吊脚楼谷仓本身并没有从日本消失，只是在神道教的背景下被神圣化而变成了神社中的神殿。

日本最高级别的神社是供奉着天皇家族祖神"天照大神"的伊势神宫，而伊势神宫内外宫的正殿及偏殿都是典型的吊脚楼谷仓。以伊势神宫外宫丰受大神宫外币殿为例，屋顶两端有两根"千木"（chigi）叉出，这种样式源自长江流域，在云南西南部沧源县的佤族村寨中，现在还可以看到它的原型。"千木"的"千"指水神或蛇神，所以"千木"可以理解为"蛇神木"。"千木"也称"冰木"（higi），而"冰木"的"冰"是反训汉字，本义为"太阳"，所以"冰木"可以理解为"太阳木"。没有太阳，水稻不能生长；没有充足的水，水稻也不能生长，而蛇神司水。因此，稻作民族必然同时崇拜太阳神和蛇神，一对在屋顶两端叉出的"千木"或者说"冰木"，正好反映出稻作民族特有的太阳信仰与蛇信仰的一体性。不过，笔者在此想特别强调的是，吊脚楼谷仓顶端之所以会出现"千木"（冰木），除了表达上述信仰之外，也与祭祀住在谷仓里的稻魂有关。

最原始的"千木"应该是由两根木棍交叉压在屋顶构成，具有压住屋顶茅草的实用性。但是，后世逐渐演变成由屋顶两端的搏风板延长而交叉于屋顶之上，失去了压住屋顶茅草的实用性。再往后，则又变成"置千木"，将预制好的"置千木"放在屋顶两端。这样的"置千木"也不具备压住屋顶茅草的实用性。但是，就在其实用性消失的同时，其巫术功能却得到了强化。

无论"千木"的组合方式如何变化，其基本纹样都是×字纹。作为稻作民族的传统纹样，×字纹有两个基本意象：一个表示火灵，另一个表示交合。如果从与稻魂的关联性来看，其交合意象更具备巫术功能。前文说过，稻魂的本体是蛇神的精液，所以祭祀稻魂，就必须以巫术的形式表现出蛇神交合之状，而交叉的"千木"所表达的正是这样一种状态。

泰国人也是传统的稻作民族，其传统建筑的屋顶也有"千木"。不过，泰国的"千木"有两种形态：第一种与日本相同，呈 × 字形；第二种由单根金色蛇形木构成（图8-8）。金色的蛇形千木是蛇神与太阳神的合体，既可以称为"千木"，也可以称为"冰木"，但日本没有这种"千木"。

图8-8　泰国的金色蛇形"千木"（李国栋摄于芭提雅水上市场）

四、象征"八俣大蛇"的"鞭悬"

神圣化的日本吊脚楼谷仓仓顶，除了有"千木"以外，还有"鲣木"（katsuogi）和"鞭悬"（muchikake）（图8-9）。参考云南沧源佤族自治县翁丁佤寨的吊脚楼茅草屋顶（图8-10），横在屋顶甍梁上的"鲣木"

原本应该是为固定屋脊茅草而横向穿插的竹签。竹签两端穿出茅草屋顶，搭在内梁上，确实可以起到固定屋脊茅草的作用。

图8-9 伊势神宫的"千木""鲣木"和"鞭悬"
（李国栋摄于日本伊势神宫内宫荒祭宫）

图8-10 翁丁佤寨吊脚楼的"冰木""鲣木"和"鞭悬"
（李国栋摄于翁丁佤寨）

但是，日本的"鲣木"将这种实用性的竹签巫术化，置于屋顶甍梁之上。从"鲣木"的鲣鱼形状来看，它应该是稻作渔猎民"饭稻羹鱼"生活中"鱼"的象征，具有祈祷渔猎丰收的巫术功能。

至于"鞭悬"，尚未有人做过深入研究。2017年，笔者曾去印度尼西亚考察稻作文化，在其首都雅加达国家博物馆里看到几幢吊脚楼模型（图8-11），其中一个模型专门解释了"鞭悬"的实际作用。印尼的传统吊脚楼屋顶搏风板上一般会叉出六根"鞭悬"，每侧三根。

图 8-11　印尼吊脚楼的"鞭悬"
（李国栋摄于印尼国家博物馆）

从内部结构看，每根"鞭悬"的下面都有一根梁，而且"鞭悬"的后部被做成钩状，可以拉一根绳索。如果两边的"鞭悬"都带上劲，绳索一定会绷得很紧。假设是茅草顶吊脚楼的话，屋梁上会先铺上茅草，铺到10厘米左右的厚度时，就先通过"鞭悬"在茅草上绷一道绳索，压住茅草，使其不能错动。然后再继续铺茅草，当铺到20—30厘米厚的时候，再用两根木棍交叉做成"千木"，压在茅草顶上，使茅草不被风吹走。这样，厚厚的茅草顶就会被固定住。因此从这个意义上讲，"鞭悬"作为一种建筑技术是有很重要的实用功能的。

不过，"鞭悬"的功能不仅仅停留在实用层面。印尼吊脚楼"鞭悬"的叉出部分都做成了龙头形，但稻作文化圈原本没有龙，所以龙的原型应该是形态相似的蛇，而蛇的出现又与稻魂信仰相关。

在云南沧源县的翁丁佤寨考察时，笔者见到许多茅草屋的屋顶侧面都有"鞭悬"，每侧两根或三根，两边合计四根或六根，在根数上与印尼吊脚楼相同。但是，日本皇家神宫大社的"鞭悬"都是每边四根，合计八根。至于为什么是八根"鞭悬"，应该与日本特有的蛇神有关。

《古事记》和《日本书纪》中都记录了"八俣大蛇"（八岐大蛇）传说。所谓"八俣"或"八岐"，就是指这条大蛇有八个头，分为八股。八俣大蛇不动时，像一座大山，背上长满了杉树。但一动就是地动山摇，使得"肥川"（簸川）洪水泛滥。这是一则稻作农耕神话，因为洪水泛滥必然导致大河两岸低湿地的水稻大幅减产，甚至颗粒无收。所以为了安抚八俣大蛇，肥川一带的土地神便答应每年贡献一个女儿让八俣大蛇吃。最后，在土地神将要献出第八个女儿"栉名田比卖"（奇稻田姬）时，从天而降的"须佐之男命"将八俣大蛇杀死，并与"栉名田比卖"结为伉俪。

八俣大蛇形体如山，凶猛无比，但只要有女孩献祭，它不但不使洪水泛滥，反而还会保佑稻谷丰收。它有八个头，而数字"八"在日本传统文化中是神圣极数，由此我们可以知晓，八俣大蛇是日本最高级别的蛇神。

既然是日本最高级别的蛇神，其形象出现在日本最高级别的神宫大社之上则是大概率的事情。因此从这个意义上讲，日本神宫大社屋顶搏风板上叉出的八根"鞭悬"，很可能就代表了八俣大蛇的八个头。换句话说，日本神宫大社"鞭悬"的根数之所以与中国云南和印尼不同，很可能正是由于日本有八俣大蛇传说的缘故。

五、稻神与稻魂

在日本，樱花是春天的象征。但是，樱花在成为春天象征之前，曾是稻神来访的示现。日本著名语言学家金田一春彦曾在其著作《你在说真正的日语吗？》中谈及"樱花"一词的词源：

> 迄今为止有一种学说比较得势，即樱花之所以被称为"sakura"，是因为花开的"开"日语称"saku"。但民俗学家之间有不同的见解，他们认为"sa"指"稻神"，"kura"指居所，所以"sakura"就是指直到人们开始耕田为止稻神所居住的地方。例如，"sanae"是稻苗的意思，"samidare"是指种稻时下的雨，"saori"的含义是稻神从天而降，"sanobori"是指举行稻神归天的祭祀。
>
> 由此看来，"sakura"为稻神居所这一学说就显得比较顺畅。的确，如果是花"开"的意思的话，后面的"ra"就不太好理解了。另外，在关西地区，"sakura""sanobori""samidare"和"saori"的发音都是高平音调，从这一点判断，我觉得"sakura"为稻神居所的观点应该是正确的。①

---

① 金田一春彦 . 你在说真正的日语吗？［M］. 东京：角川书店 ,2001：145.

综上所述，"sakura"的"sa"指稻神，"kura"指谷仓，所以"sakura"可以理解为"稻神的谷仓"。

查看前文提到的《新编大言海》和日本著名音韵学家藤堂明保监修的《日本语词源辞典——日本语的诞生》，我们会发现"sa"作为名词，其本义为"箭矢"，而"箭矢"在日本传统文化中则被理解为蛇的化身。

《古事记》记载，奈良三轮山山神为蛇神，名曰"大物主神"。大物主神化身为"丹涂矢"，顺水沟而下，插入正在水沟大便的势夜陀多良比卖的阴门。势夜陀多良比卖大惊，跑回屋后将"丹涂矢"取出，置于床边。这时，"丹涂矢"突然变成英俊"壮夫"，与势夜陀多良比卖结为夫妻[1]。

《山城风土记》中也有类似的记载。玉依比卖将石川濑见小川上游漂来的"丹涂矢"带回家，插在床边。不久后，玉依比卖便怀孕生下一个男孩。待男孩长大成人后，其外祖父"造八寻殿，竖八户扉，酿八腹酒"，召集众神游宴七天七夜，最后终于知道男孩的父亲是天上的雷神[2]。在日本，雷神即蛇神。

参考以上两则神话传说，可知稻神"sa"是蛇神，平时住在天上，但到了播种之前，"sa"就会降临谷仓，唤醒在谷仓里睡了一冬天的孩子——保留着稻魂的稻种，同时使樱花开放，以此示现来催促稻作民播种。

古时种水稻不插秧，是直接在湿地或稻田里撒种，学术术语称"撒播"。撒播的季节是农历二月，而樱花的开花季也正好是农历二月。因此，稻作民便会产生自然联想：樱花的开放意味着稻神的来访，而稻神来访则意味着开仓播种。笔者猜测，正是在这个意义上稻神与谷仓之间才产生了必然联系，所以樱花就被称作"sakura"了。

---

[1] 古事记[M].仓野宪司，校注.东京：岩波书店，1963：248.
[2] 风土记[M].秋元吉郎，校注.东京：岩波书店，1958：415.

　　蛇神与谷仓有关，我们还可以举出旁证。在日本栃木县小山市间田町的八幡宫传承着一种古老的"蛇祭"[①]。过去每年农历四月初八举行，其中有一项仪式就是"绕谷仓"（kuramawari），即众人抬着稻草做成的大蛇去"名主"家，围着他家的"土藏"（kura）绕圈。这条大蛇就是稻神。由此我们可以知晓，在一年之中的几个时间节点，作为稻神的蛇神确实是要回到谷仓的。

　　由于樱花的开放，或者说由于稻神的召唤，保留着稻魂的稻种又将返回稻田。此时，具有稻魂信仰的日本稻作民又要举行仪式加以祭拜。本书第七章第五节曾指出，伊势神宫每年农历二月举行的神圣的播种仪式中就有神职人员登汤锹山（yuguhayama）请汤锹（yuguha），然后下山用汤锹播下汤种（yudane）的环节。当然，汤锹作为农具肯定具有技术层面的实用性，但是，它在播种仪式中发挥的主要是巫术功能。日本学者小岛璎礼认为，这把汤锹应该是"岁木"[②]，具有保佑稻作丰收的功能，笔者也有同感。

　　不过，从另一个角度思考，这把汤锹也可以理解为一条蛇。锹头一般呈三角形，而蛇的最大特征就是三角形蛇头。锹头后端插一根锹柄，正好象征蛇的细长身体。前文提到的"箭矢"也与"汤锹"相似，是由三角形的箭镞和细长的箭杆组成。因此从这个意义上讲，伊势神宫的播种仪式其实也是一种巫术性模拟交合仪式，只不过这次不是蛇神通过闪电与稻谷交合，而是化身为汤锹的蛇神与湿润的稻田交合。

　　综上所述，日本的稻魂信仰从始至终都与蛇信仰密切相关，甚至可以说二者表里一体。当然，这种稻魂信仰与蛇信仰的表里一体特征在中国的云贵山地同样可以看到。贵州丹寨县一带的苗语称"稻魂"为"ghab nens nax"（苗语拼音最后一个字母不发音，仅表示声

---

① 民俗文化财研究协议会.日本的祭礼行事［M］.东京：大和文库,1983：49.
② 小岛璎礼.太阳与稻的神殿——伊势神宫的稻作礼仪［M］.东京：白水社,1999：21.

调），"ghab" 为词头，"nens" 指 "魂"，"nax" 意 "稻"。"nens" 指水稻的 "魂"，但同时又与 "蛇" 相通。在丹寨县一带的苗语里，"蛇" 称 "nenb" 或 "neeb"，与稻魂 "nens" 的发音完全一样或非常近似，仅在声调上有一点差异。也就是说，贵州东南部苗族的稻魂信仰也是与蛇信仰互为表里的。

远古时代，云贵山地和日本列岛没有任何往来，两地稻魂信仰和蛇信仰的表里一体特征却完全一致，这就说明两地共有同一个稻作文化源头。根据考古学证据判断，从 4200 年前起，北方旱作畜牧文化不断向南扩张，长江中下游的稻作民则被迫向东、向南、向西南三个方向迁徙。向东迁徙就去了日本列岛，时间大约可以追溯到 3000 年前，本章开头所举的菜畑遗址便是证据；向西南迁徙则进入云贵山地，贵州省威宁县中水镇吴家大坪遗址和鸡公山遗址出土的 3100 年前的炭化稻便可视为力证。由此可见，日本列岛和贵州山地保存了长江中下游同等古老的稻作文化，所以能够作为证据相互印证。这也是本章反复将日本与贵州做比较的重要原因。

当然，日本与贵州的相互印证主要是基于跨学科和独特视角的逻辑推理，还做不到像历史文献那样每一个环节都确凿无疑。但是，在考察没有文献记载的远古习俗或信仰时，这样的逻辑推理也不失为一种可行的研究方法，它至少可以为我们提供考古学年代、考古学物证、民俗学物证、词源学佐证以及上述证据与后世文献的互证，从而使我们走出无文字资料证明的困境。

日本历史纪年的起始年

一、神武天皇即位与"辛酉革命说"

日本历史纪年始于日本第一代天皇神武天皇。据日本第一部正史《日本书纪》记载，神武天皇"辛酉年""即帝位于橿原宫。是岁为天皇元年"[1]。因此，倘若按照常理，这个"辛酉年"应该就是日本历史纪年的起始年。

但是，日本明治时代的史学大师那珂通世在《上世年纪考》中明确指出：

> 《日本纪》所记上代之年月者，皆出于后世逆推，而将神武天皇即位元年置于早推古天皇一千二百余年之辛酉之岁者，本非基于事实，亦非基于传说，仅以谶纬家"辛酉革命"之说为据耳。[2]

所谓谶纬家的"辛酉革命说"，起源于中国汉代，流行于东汉至隋，后遭隋炀帝弹压以及唐朝排斥，谶纬之书遂散佚殆尽。然而，部分谶纬之书已在南北朝时经朝鲜半岛的百济传入日本，所以在日

---

① 日本书纪（一）[M].坂本太郎，家永三郎，井上光贞，等，校注.东京：岩波书店，1994：489.
② 那珂通世，三品彰英.增补上世年纪考[M].东京：养德社，1948：35.

本，作为阐释历法的一部分一直受到宫廷的重视。日本平安前期汉学家、文章博士兼大学头三善清行曾在昌泰四年（901年，辛酉年）写《请改元应天道之状》，上奏醍醐天皇：

> 今年当大变革命之年事，《易》纬云："辛酉为革命，甲子为革令。"郑玄曰："天道不远，三五而反，六甲为一元，四六二六相乘，七元有三变，三七相乘，廿一元为一蔀，合千三百廿年。"《春秋》纬云："天道不远，三五而反。"宋均注曰："三五，王者改代之际会也。能于是际，自新如初，则道无穷。"《诗》纬云："十周参聚，气生神明，戊午革运，辛酉革命，甲子革政。"（中略）谨按，《易》纬以辛酉为蔀首，《诗》纬以戊午为蔀首，今主上以戊午年为昌泰元年，其年又有朔旦冬至，故论者，或以为应以戊午为受命之年。然而本朝自神武天皇以来，皆以辛酉为一蔀大变之首，此事在文书未出之前，天道神事自然符契。（中略）谨按日本纪，神武天皇，此本朝人皇之首也。然则此辛酉可为一蔀革命之首，又本朝立時下诏之初，又在同天皇四年甲子之年，宜为革命之证也。①

引文中特别提到"本朝自神武天皇以来，皆以辛酉为一蔀大变之首"，可见神武天皇的"辛酉年"即位确实有可能是根据谶纬"辛酉革命说"逆向推算出来的，其逆向推算的基点就是那珂通世所说的推古天皇九年（辛酉年），即公元601年。"推古朝乃皇朝政教革新之时，圣德太子执大政，始用历日，制冠位，定宪法，专以作者之圣而自任。定此朝之辛酉为第二蔀之首，而置神武纪元于第一蔀之首

---

① 那珂通世，三品彰英. 增补上世年纪考［M］. 东京：养德社，1948：36—37.

者，盖因此皇太子之所为也。"[1] 谶纬之说的"一蔀"为 1260 年，而每隔 1260 年，社会上就会出现天翻地覆的大革命或大变革，所以从公元 601 年倒推 1260 年，就是公元前 660 年。这一年也是辛酉年，所以应该有大革命发生，而那这场大革命应该就是神武天皇即位开国。于是，日本则有所谓"皇纪"，其起始年正是公元前 660 年。

其实，不仅是神武天皇的即位之年，就连神武天皇开始东征以及讨伐"长髓彦"等事件也都是按照谶纬之说被赋予纪年的，符合"太岁始元，戊午革运，辛酉革命"的三个阶段。但是，日本昭和时代史学大家三品彰英认为，《日本书纪》所记载的历代天皇的干支纪年大致可分为三个阶段：①仲哀朝以前，缺少干支纪年；②神功、应神朝至雄略朝，干支纪年的史料价值低，此时只有朝鲜史料有实际的干支纪年；③雄略朝以后，可以将干支纪年作为史料使用。[2] 仲哀天皇是日本第十四代天皇，在他之前的天皇"缺少干支纪年"，即使有干支纪年也不可信。因此，三品氏将追溯日本历史纪年的重任寄托于考古学，"大和国发祥的时代应该由弥生式文化的年代考证来决定，至于其年代是早于距今 2600 年，还是晚于距今 2600 年，我们只能等待考古学界的研究，并期待解答之日早日到来"[3]。

总而言之，从明治时代起，日本史学界的主流已经明确否定了神武天皇"辛酉年"（前 660 年）即位的历史真实性。再加上《日本书纪》记载神武天皇在位 76 年，享年 127 岁，明显超出常识，所以现在很多学者认为，不仅其即位的"辛酉年"属于杜撰，甚至历史上是否真有神武天皇其人都值得怀疑。

当然，也有部分研究者认为至少在 5 世纪前期，日本曾使用一种以"辛酉"为起点，将半年作为一年计算的"辛酉历"，所以天皇在

---

[1] 那珂通世，三品彰英．增补上世年纪考［M］．东京：养德社，1948：49.
[2] 那珂通世，三品彰英．增补上世年纪考［M］．东京：养德社，1948：216.
[3] 那珂通世，三品彰英．增补上世年纪考［M］．东京：养德社，1948：244.

位年数和享年超长是由于将我们现在理解的一年当作两年计算的结果。①"辛酉历"是否确实存在，日本史学界尚无定说，但即使能够证明 5 世纪前期确实存在"辛酉历"，恐怕也无法否定神武天皇即位的"辛酉年"与谶纬"辛酉革命说"的关联性。因此，将一个基于谶纬"辛酉革命说"的"辛酉年"作为日本历史纪年的起始年，在学术上确实站不住脚。

但尽管如此，要说神武天皇其人完全出于虚构，也有矫枉过正之嫌。因为神武天皇不仅出现在《日本书纪》中，同时也出现在《古事记》里。《古事记》是由通灵歌师稗田阿礼吟诵，御用史官太安万侣笔录的大和民族口述史，具有神圣性，类似中国的《苗族古歌》。

苗族自古有语言而无文字，所以苗族的远古历史，特别是苗族始祖的世代谱系都是由受过特殊训练的歌师或通灵鬼师一代一代传唱下来的，其历史传承方式与稗田阿礼吟唱日本创世纪以及历代天皇谱系完全相同。《苗族古歌》在湘西也称《苗族古老话》。所谓"古老话"，说得文雅一点就是"古事记"。

笔者在贵州做过 6 年田野调查，对《苗族古歌》有比较深刻的了解。在历史长河中，《苗族古歌》的叙述免不了会有一些后世的补充，但其主线，特别是创世神话中的谱系是不会大变的。《苗族古歌》因采集地不同而有多种版本，但主线都是枫香树芯飞出蝴蝶妈妈，蝴蝶妈妈生出十二个蛋，由鹡宇鸟孵化，十二年后便从其中的一个蛋里孵出了苗族始祖"姜央"。

《苗族古歌》由歌师或通灵鬼师在神圣的宗教仪式中吟诵，宗教神圣性从根本上保证了它的真实性。在神圣的宗教氛围中，歌师或鬼师不会也不敢瞎编乱唱，因为他们坚信，他（她）所吟唱的内容祖灵都知道，如果瞎编乱唱，一定会受到神灵的严厉惩罚。这一点

---

① 栗原薰 . 日本上代的真实年代［M］. 东京：永兴舍 ,1991：76—78.

现代都市人也许体会不到，但笔者在贵州苗寨置身于苗族的祭祀仪式时，确实能深深地感到歌师或鬼师吟诵古歌时的神圣氛围，并能看到他们脸上的肃穆、庄严和真诚。

鉴于此，笔者认为神武天皇很可能不是虚构出来的。尽管有关其即位的文字资料不可信，但历史上应该确有其人。至于他真正是在哪一年即位，即日本历史纪年始于何年，则需要我们寻找非文字证据来重新证明。

二、背景证据——高天原与稻作农耕

在文化背景方面，我们可以举出两个非文字证据，即"高天原"的位置与稻作农耕。

《古事记》和《日本书纪》都记录了一则创世神话——《天孙降临》。该神话讲述的是太阳女神天照大神先决定派遣其子天忍穗耳尊，后又改派其孙琼琼杵尊从"高天原"降临中津国之"日向"的故事。

琼琼杵尊是神武天皇的曾祖父，所以从谱系上说，神武天皇又是天照大神的六世孙。由此可见，神武天皇的谱系非常清楚，所以考证出他的真实即位年是有一定客观基础的。

本书第六章已经指出，作为日语固有读音，"天"读"ama"，"海"也读"ama"，即"天""海"同音，"海"和"天"可以相互转换。因此我们可以说，日本神武天皇的曾祖父琼琼杵尊并不是从天而降，而是渡海来到日本九州岛南端的。

琼琼杵尊降临的具体地点是日向的高千穗峰，现在当地有高千穗神社（图9-1）。"高千穗"古日语读"takachiho"。"高"可以理解为高山，也可理解为"高天原"之略；"千穗"即"神圣的稻穗"，所以"高千穗"的本义就是"从天国传来的神圣稻穗"。根据《日本书纪》

图9-1　日本宫崎
县的高千穗神社
（李国栋摄）

记载，琼琼杵尊临行前，天照大神曾把"高天原"祖神田里的稻种"斋庭之穗"①交给他，由此可知琼琼杵尊确实把"高天原"先进的稻作文明带到了日本九州岛南端。

稻作文明高度发达的"高天原"在海外，意味着日本天皇家族是由海外迁徙而来。那么，"高天原"到底在哪里呢？琼琼杵尊是如何从那里渡海而到达日本的呢？而且他为什么要选择在九州岛南端登陆呢？要想回答这三个问题，我们还需要找到新的非文字证据。

三、来自长江下游的证据——黑潮与鸡血石

远古时代的航海只能依靠洋流。朝鲜半岛离日本九州岛最近，而且朝鲜半岛南部到日本九州岛北部有洋流，所以两地自古交流频繁。但是，朝鲜半岛南部到日本九州岛南端没有洋流，而且距离相当远，所以琼琼杵尊来自朝鲜半岛南部的可能性并不大。

否定了朝鲜半岛的可能性以后，我们就会将目光转向长江下游、台湾岛和菲律宾群岛。它们与日本列岛之间距离虽然遥远，但有黑潮相连，只要季节和风向合适，漂流到日本列岛是完全可能的。

本书第二章已经指出，黑潮发源于菲律宾群岛东

---

① 日本书纪（一）[M].坂本太郎，家永三郎，井上光贞，等，校注.东京：岩波文库，1994：461.

侧，由南向北流，流经台湾岛东侧，其支流"台湾暖流"流向浙闽沿岸，北上至舟山群岛海域转向东流，与黑潮的另一条支流"对马暖流"或主流相接。如果有人在舟山群岛东侧乘"台湾暖流"东行，然后接入"对马暖流"的话，就可以在日本九州岛北部或朝鲜半岛南部登陆；如果接入黑潮主流，就有可能在日本九州岛南端登陆。

当然，不仅是长江下游的人，台湾岛东海岸和菲律宾群岛东侧的人也可以通过黑潮主流漂流到日本九州岛南端。因此，"琼琼杵尊"到底来自哪里，还需要考察其他因素。

"琼琼杵尊"这个名字中包含两个"琼"字。《说文解字》曰，"琼"者"赤玉也"。但是，日本列岛和朝鲜半岛不产赤玉，台湾岛或菲律宾群岛也不产赤玉，只有长江下游，即今天的浙江省临安昌化镇的玉岩山一带产赤玉，名叫"鸡血石"。因此从这个意义上讲，"琼琼杵尊"应该是从长江下游，经舟山群岛，乘黑潮到达日本九州岛南端的。

2019 年 9 月，笔者曾踏访玉岩山一带，看到上等鸡血石确实红如鸡血。玉岩山下有一个不大的玉岩村，村民们曾每日挖山采石，但 2019 年初，当地政府将所有矿洞封堵，不让村民上山采石了。不过，在当地鸡血石专卖店里，笔者还是看到了几块上等鸡血石原石，最大的一块（图 9-2）卖家开价 800 万元人民币，颇有赌石的感觉。

图 9-2　鸡血石原石（李国栋摄于浙江昌化玉岩山）

从 1999 年发掘的杭州市半山石塘村战国古墓判断，

鸡血石的开采始于战国时代，越国国王和王子曾将鸡血石用作宝剑剑饰①。由此判断，"琼琼杵尊"不仅是战国时代的越国人，而且还是越国王族的一员。

"琼琼杵尊"是其汉字名，他的日语名叫"niniginomikoto"。在这个日语名中，"ninigi"是一个词组，"no"意"的"，"mikoto"是王或贵人的尊称。关于"ninigi"的含义，日本学者认为是"niginigi"的省略②，即两个"nigi"叠加后省略掉前面的"gi"，"丰饶"之义。不过笔者认为，神的名字不可能使用省略语，"ninigi"应该是一个完整词组。

笔者在长江下游调研时发现，当地越方言称"玉"为"nioh"，鸡血石产地的人也称鸡血石为"nioh"。这不禁使笔者联想到《古事记》里的古日语"ni"和"nu"。古日语中"玉"有三个发音："ni""nu"和"tama"。"ni"和"nu"的本义就是"玉"，"tama"则是一个衍生词，本义指"球状物"。由此可见，"ni"和"nu"是日语中最古老的"玉"的称呼。不过，"玉"怎么会有这两种称呼呢？

日本权威词源辞典《新编大言海》认为，"ni"通"丹"（ni），"赤玉"之意，而"nu"则是"ni"的音转③。日语"ni"有"赤玉"之意，这又使笔者联想到"鸡血石"的越方言音"nioh"。"nioh"是一个复合音，但日语具有单音分解特性，对于复合音只能采取省音处理或约音模拟。对于"nioh"这个复合音，如果仅取前两个发音，省掉后两个发音的话，就会变成"ni"；如果对"nioh"进行整体性约音模仿的话，就会发音成"nu"。也就是说，"ni"和"nu"都源自长江下游的越方言音"nioh"，本义指鸡血石。

综上所述，"琼琼杵尊"日语名"ninigi"的第一个"ni"指"赤玉"，源自长江下游的越方言音。至于后两个音"nigi"的含义，笔者则认

---

① 姚宾谟.中国昌化石文化［M］.杭州：中国美术学院出版社,2007：26.
② 高崎正秀.《古事记》忆断［J］//神田秀夫.图说日本古典1 古事记.东京：集英社,1978：1.
③ 大槻文彦.新编大言海［Z］.东京：富山房,1982：1533,1561.

为是日语动词"nigiru"（握）的词根，所以按照日语"宾谓"语序理解，"ninigi"即"握玉"。如果再加上"nomikoto"这四个发音，其整体含义则可以理解为"握玉之王"，这一点也与越国王族将鸡血石用作宝石的事实相符。

总而言之，无论从"琼琼杵尊"的汉字名和日语名来看，还是从黑潮流向来看，"琼琼杵尊"都应该是从长江下游渡海而来到日本九州岛南端的。换句话说，《天孙降临》神话中的所谓"高天原"，其实就是指长江下游的古越族聚居区。

四、来自日本登陆传说地的证据——蟠螭纹谷纹璧

1882 年 2 月，在琼琼杵尊登陆传说地 —— 日向国那珂郡今町（现日本九州岛宫崎县串间市）的"王之山"出土了一件越国的蟠螭纹谷纹璧，证明"琼琼杵尊"确实是在这一带登陆的。

日向国那珂郡今町濒临九州岛最南端的志布志湾（图 9-3）。黑潮流过志布志湾外侧，流速快，风浪大，但进入湾内后，风浪会快速变小。今町的大河福岛川入海口附近有很多小岛和突出的岬角，可以进一步屏蔽风浪。

福岛川河口较宽（图 9-4），溯流而上，马上就会在两岸看到平坦的低湿地（现在早已变成大片稻田），非常适合种植水稻。低湿地背后是小山丘，有丰富的林木及坚果资源。根据《古事记》和《日本书纪》记载，琼琼杵尊登陆后马上就与当地"山神"女儿木花开耶姬（樱花姑娘）结婚，并在当地定居下来。笔者猜测，在琼琼杵尊到达之前，当地由"山神"统治，以狩猎采集为生，还没有稻作农耕。但是，琼琼杵尊带去了稻作文化，于是，福岛川两岸的大片湿地被开垦成稻田。因此从这个意义上讲，琼琼杵尊与木花开耶姬的婚姻可以理解为狩猎采集的土著居民与外来稻作民的文化融合。

图 9-3　志布志湾
（李国栋摄于日本宫崎县串间市福岛川河口）

图 9-4　福岛川河口
（同图 9-3）

出土蟠螭纹谷纹璧（图 9-5）的"王之山"位于福岛川河口附近，据传是由一个叫佐吉的农民偶然在"王之山"的一座石棺中得到的，后为旧加贺藩前田藩主收藏，现由前田家族创立的前田育德会保管。

笔者曾去广州南越王博物馆参观，看到许多蟠螭纹谷纹璧，其中一枚（图 9-6）与日本"王之山"出土的蟠螭纹谷纹璧非常相似。仔细观察，两枚玉璧都很大。"王之山"出土的蟠螭纹谷纹璧直径 33.3 厘米，而南越王墓出土的蟠螭纹谷纹璧直径 33.4 厘米，二者尺寸几乎相同。另外，两枚玉璧都分三区，外缘全都是蟠螭纹；中间都是谷纹（稻谷纹），只有内缘纹样不同。"王之山"出土的蟠螭纹谷纹璧内缘是阳鸟纹，而南越王墓出土的蟠螭纹谷纹璧内缘仍然是蟠螭纹。不过，从整体上看，两枚玉璧的相似度极高。倘若再结合南越国王族本为杭州湾越国后裔这一事实，则可知蟠螭纹谷纹璧确为越国王族所钟爱。

战国以前，中国实行周礼，而《周礼·大宗伯》曰："王执镇圭，公执桓圭，侯执信圭，伯执躬圭，子执谷璧，男执蒲璧。"将此典制与上文论及的蟠螭纹谷纹璧结合起来考虑，我们可以发现玉璧曾是古代贵族的"身份证"。除"王"以外，贵族分"公""侯""伯""子""男"五等，而第四等"子"被规定持"谷璧"（谷纹璧）。反过来说，"谷璧"则可以证明持有人的身份为"子爵"。由是观之，日本"王之山"出土的蟠螭纹谷纹璧就可以证明琼琼杵尊本是越国子爵。

据《中国文物大典①》[①]介绍，蟠螭纹谷纹璧是战国晚期的典型器。也就是说，虽然越人早在良渚文化时代就已经喜欢蟠螭纹了，但在战国中期以前，即公元前 300 年以前并没有制作蟠螭纹谷纹璧。实际上，这就为我们确定琼琼杵尊东渡日本的时间提供了客观证据。公元前 221 年秦始皇统一中国，战国时代结束，所以琼琼杵尊东渡

---

① 王然．中国文物大典①［M］．北京：中国大百科全书出版社，2001：680—681．

图 9-5　今町出土的蟠螭纹谷纹璧
(《遗物归乡展·展图录》[1])

图 9-6　南越王墓出土的蟠螭纹谷纹璧
(《西汉南越王博物馆珍品图鉴》[2])

---

① 宫崎县立西都原考古博物馆.遗物归乡展·展图录[M].2004:15.
② 西汉南越王博物馆.西汉南越王博物馆珍品图鉴[M].北京:文物出版社,2007:45.

日本应该是在公元前 300 年—公元前 222 年之间。

当其时，日本列岛还处于稻作农耕的普及阶段，但长江下游的稻作农耕已经非常成熟，所以琼琼杵尊东渡日本时才会产生下降感，从日本一侧来看，则是"天孙降临"。

五、《史记》与《天孙降临》的互证

在公元前 300 年—公元前 222 年这一时代背景下思考，能够使一个贵族子爵抛弃故乡的奢华生活而东渡日本的原因只有一个，即国破家亡。《史记·秦始皇本纪》曰：

> 二十三年，秦王复召王翦，强起之，使将击荆。取陈以南至平舆，虏荆王。秦王游至郢陈。荆将项燕立昌平君为荆王，反秦于淮南。二十四年，王翦、蒙武攻荆，破荆军，昌平君死，项燕遂自杀。二十五年，大兴兵，使王贲将，攻燕辽东，得燕王喜。还攻代，虏代王嘉。王翦遂定荆江南地；降越君，置会稽郡。五月，天下大酺。[1]

公元前 224 年—公元前 222 年，楚越两国相继灭亡[2]。故国灭亡之前，王侯贵族肯定都要反抗。但在实力悬殊，反抗不了的时候，只有三条路可以走：第一条是"战死"，楚国的昌平君和项燕走的就是这条路；第二条是"投降"，越君最后走了这条路；第三条是"逃亡"，本文一直考察的琼琼杵尊就是这样东渡日本的。

从"子爵"这个爵位来看，琼琼杵尊的年龄应该在 30 岁左右。他

---

[1] 司马迁 . 史记［M］. 北京：中华书局，2006：43.
[2] 关于越国的灭亡时间，中国史学界的意见尚未统一。有人认为越为楚灭，灭亡时间是公元前 334 年或公元前 306 年。但也有人认为越为秦灭，灭亡时间是公元前 222 年。笔者同意后者。

的名字中带有两个"琼"字，可知他持有"鸡血石"。综合以上两点，笔者判断他应该是"越君"的儿子。另外，从日本《天孙降临》神话反推，"越君"应该还有一个母亲，即"琼琼杵尊"的祖母，日语名字叫"天照大神"。《史记》虽然没有记载"越君"的名字，但《天孙降临》神话告诉我们，他的日语名字就叫"天忍穗耳尊"。

作为"越君"的母亲，天照大神在公元前222年农历四、五月间已经预感到越国即将灭亡，所以想让天忍穗耳尊，即"越君"逃往日本避难，但天忍穗耳尊建议让自己的儿子琼琼杵尊逃亡，自己去前线帅越军抵抗一段时间，以此来为琼琼杵尊争取时间。后来，天照大神接受了这个建议，于是就有了《天孙降临》神话中所描述的，先决定派遣天忍穗耳尊，后又改派琼琼杵尊"降临""日向"的变化。当得知琼琼杵尊逃亡成功后，天忍穗耳尊便放弃抵抗，投降了。至于天照大神的结局，应该是在国破家亡时殉国自尽了。

在琼琼杵尊出逃前夕，天照大神给了他稻种、铜镜等许多宝物，但其中有两件宝物很特殊，即蟠螭纹谷纹璧和鸡血石玉杵。蟠螭纹谷纹璧相当于琼琼杵尊的"身份证"，证明他在越国时是子爵，而鸡血石玉杵除了可以作为宗教法器祈祷稻作丰收以外，更主要的是它代表了天照大神和天忍穗耳尊对琼琼杵尊的希望，希望他到达日本列岛后称王，实现异地建国。当然，从出土蟠螭纹谷纹璧的"王之山"这一地名来看，琼琼杵尊通过与当地"山神"女儿联姻，确实在当地成功称王了，但距离建国还有漫长的路程。于是，这个异地建国的重任，最后便落到琼琼杵尊的曾孙神武天皇的肩上。他经过"东征"，最终实现了异地建国的梦想。

六、推导出来的纪年起始年——公元前60±15年

琼琼杵尊是在公元前222年农历四、五月间从杭州湾出发，经舟

山群岛，乘黑潮到达日本九州岛南端的。如果上述稻作、黑潮、鸡血石和蟠螭纹谷纹璧等非文字证据确实可以成立的话，那我们就可以推算出日本历史纪年的起始年。

虽然神武天皇的即位年在历史学层面缺乏客观性，但天照大神到琼琼杵尊，再到神武天皇这一家族谱系是可信的。因此，我们可以将琼琼杵尊逃往日本列岛的公元前222年作为计算日本历史纪年的基点，然后再按照中国传统的"一世三十年"推导，就可以推算出日本历史纪年的起始年。

神武天皇是天照大神的六世孙，所以首先以公元前222年为基点，由天照大神后推五世，即150年，由此我们便可以得到一个基本的年代界限，即神武天皇的即位年不可能早于公元前72年。

然后，在此基础上再考虑他本人的"一世三十年"，这样就可以知晓其即位年应在公元前72年—公元前42年之间，而在这期间确实存在一个"辛酉年"，即公元前60年，可以视为中位数。倘若抛开"辛酉革命说"，单纯承认《日本书纪》记载的"辛酉年"仍然具有正史纪年意义的话，那公元前60年这个"辛酉年"值得特别重视。神武天皇有可能就是在公元前60年前后即位的，也就是说，公元前60±15年应该就是日本历史纪年的起始年。

日本第十代天皇是崇神天皇。《日本书纪》记载，崇神天皇是"御肇国天皇"，而这一表述与第一代天皇神武天皇的表述"始驭天下之天皇"非常相似，而且这两种表述的古日语读音完全一样，都是"hatsukunishirasusumeramikoto"。因此，有些学者主张崇神天皇才是日本真正的第一代天皇，神武天皇是根据崇神天皇虚构出来的。[①]但是，从本文前几节的考证中可以明了，神武天皇并非虚构，他和崇神天皇是不同时代的两个天皇。至于他们为什么在《日本书纪》中

---

① 日本书纪（一）[M].坂本太郎,家永三郎,井上光贞,等,校注.东京:岩波文库,1994：297.

都有"初始天皇"的表述，笔者认为很可能意味着天皇家族发生了根本性的改变。从神武天皇的曾祖父琼琼杵尊手握鸡血石玉杵降临"高千穗峰"来看，神武天皇一系属于稻作文化类型，但崇神天皇则具有旱作畜牧文化特征。关于这一点，日本著名环境考古学家安田喜宪已在《日本神话与长江文明》①一文中做过论证。

根据《日本书纪》记载，崇神天皇有一个姑妈，叫"倭迹迹日百袭姬命"（yamatototohimomosohimenomikoto）。她是个巫女，她的夫君是奈良三轮山的蛇神。有学者认为，崇神天皇与倭迹迹日百袭姬命的关系很像《三国志·魏书·东夷传》"倭人"条中所记载的"邪马台国"女王"卑弥呼"与其"男弟"的关系。

关于倭迹迹日百袭姬命是否就是卑弥呼，以前因为无法确定日本历史纪年的起始年，所以只能依靠《三国志》等中国史籍来估算。但现在，如果以本文推导出来的公元前60年为日本历史纪年起始年的话，那第十代天皇崇神天皇的在位期间应该就是公元210—240年，而这段时间正与"倭国大乱"后"邪马台国"及其女王"卑弥呼"的出现相吻合，所以倭迹迹日百袭姬命应该就是卑弥呼。根据《三国志·魏书·东夷传》"倭人"条推测，卑弥呼死于公元247年或248年，可见崇神天皇在位期间都是由卑弥呼，即倭迹迹日百袭姬命担任宗教领袖的。

2017年，日本民间史学家生野真好出版了一部学术专著，题为《神武天皇——其真实性与真实年代之证明》。他认为，卑弥呼死于公元247年，其宗女台与随后即位，这一事件在《古事记》和《日本书纪》中则被描述为"天照大神隐于天之岩户"。因此，他认为这一年可以作为推算神武天皇即位年的基点。在此基础上，他结合《日本书纪》中"是年，太岁＋干支表述"这一天皇即位年特有的文字表述，

---

① 安田喜宪.日本神话与长江文明[J].日语学习与研究，2018（2）：35.

推导出神武天皇即位于 294 年[1]。

　　生野氏的上述考察旨在阐明日本大和王朝的起始年，但大和王朝出现以前，日本曾长期方国林立，相互征伐。从《古事记》和《日本书纪》的记载以及日本弥生时代的考古事实来看，神武天皇的东征以及即位应该发生在方国林立时代，而大和王朝的出现则应以邪马台联邦的出现为标志。因此笔者认为，神武天皇与邪马台联邦无关，第十代天皇崇神天皇才是邪马台联邦的真正统治者。

　　总而言之，倭迹迹日百袭姬命与卑弥呼在历史年代上的对应从另一个侧面证明，将公元前 60±15 年作为日本历史纪年的起始年是基本符合日本历史发展脉络的。当然，这个起始年只是根据诸多非文字证据，以公元前 222 年为基点，然后再根据"一世三十年"推导出来的大致年代，但从学术研究的角度讲，即使是一个大致的起始年代，也总比完全没有好，它至少可以让人做到心中大致有数。因此，笔者现在愿意将公元前 60±15 年作为一个有关日本历史纪年起始年的全新假说正式提出，供学界参考。衷心希望此假说能为日本历史纪年研究以及追溯日本天皇家族的文化源流开辟一条新思路。

---

① 生野真好. 神武天皇 —— 其真实性与真实年代之证明［M］. 福冈：春吉书房，2017：17,72—73.

第十章

徐福为何也叫"徐市"？

徐福传说在中国家喻户晓，在日本和韩国也留下不少美谈，甚至日韩两国学者都认为徐福是中国与两国远古亲善的"始祖"（图10-1）或"先驱者"（图10-2）。

不过，笔者心中一直有个疑问：徐福真的叫"徐福"吗？

图10-1　日本前首相羽田孜所赠徐福纪念石
（余翌珍摄于江苏赣榆徐福故里）

图10-2　韩中亲善协会所赠徐福纪念石
（李国栋摄于江苏赣榆徐福故里）

一 "徐市"与"徐福"

《史记·秦始皇本纪》记载："齐人徐市等上书，言海中有三神山，名曰蓬莱、方丈、瀛洲，仙人居之。请得斋戒，与童男女求之。于是遣徐市发童男女数千人，入海求仙人。"[①]在这段引文里，徐福称"徐市"。不过，此处的"市"不读"shi"，而读"fu"。"市"应该是"巿"的本字。

《史记·淮南衡山列传》中再次出现了有关徐福的信息：

> 又使徐福入海求神异物，还为伪辞曰："……神曰：'汝秦王之礼薄，得观而不得取。'即从臣东南至蓬莱山，见芝成宫阙有使者铜色而龙形，光上照天。于是臣再拜问曰：'宜何资以献？'海神曰：'以令名男子若振女与百工之事，即得之矣。'"秦皇帝大说，遣振男女三千人，资之五谷种种百工而行。徐福得平原广泽，止王不来。[②]

在这里，徐福又写作"徐福"。"市"与"福"虽然同音，但为什么会使用两个不同的汉字呢？

笔者推测，"福"或"市"原本只是一个近似"fu"的模拟音，所以根本就没有固定的汉字表述。"福"的上古音发"piwək"，但其吴语音发"fu"，闽南语音发"hok"[③]；"市"是"巿"的本字，"巿"的上古音发"piwat"，其吴语音发"fɤh"，闽南语音发"hut"[④]。综合以上四个发音，可知"福"或"市"其实都在模拟一个非中原音，而且这个音近似吴语和闽南语。

① 司马迁.史记[M].北京：中华书局，2006：45.
② 司马迁.史记[M].北京：中华书局，2006：688—689.
③ 李珍华，周长楫.汉字古今音表（修订本）[Z].北京：中华书局，1999：21.
④ 李珍华，周长楫.汉字古今音表（修订本）[Z].北京：中华书局，1999：192.

徐福（市）的"福"（市）既然仅仅是一个汉字音译，那徐福的"徐"又从何而来呢？徐福的故里在江苏省连云港市赣榆区的徐阜村（现徐福村），村旁有徐福祠（图10-3）。另外，连云港市政府还在金山镇泊船山坡上建设了徐福故里景区，内设徐福庙（图10-4）。夏商周三代，赣榆属于徐夷原始地盘，公元前21世纪首先被大禹封为"徐州"。公元前11世纪，商王武丁封其子于炎（郯），于是徐夷原始地盘被分割为徐国和郯国，赣榆则属于郯国。公元前512年，徐国为吴国所灭，此后徐国遗民便以国名为姓；公元前414年，郯国为越国所灭，此后郯国遗民亦恢复徐夷传统，多以"徐"为姓，即使是现在，郯城一带徐姓居民仍然很多。由是观之，徐福的"徐"也不是徐福或其家族的专有姓氏，而是徐国遗民的整体姓氏。

综上所述，"徐福"并不是徐福本人的实名。"徐"表示他是徐国遗民，族属上并非华夏族；"福"或"市"则是模拟一个近似"fu"的音，至于这个"fu"到底是不是他的实名，也不确定。从逻辑上讲，这个近似"fu"的音应该是当地徐夷语言，所以要想了解它的真实含义，我们就需要先确定徐夷的族属，然后再按其民族语言破解其义。

二、徐夷的族属

徐夷属于"东夷"，但"东夷"又相当于现在的哪个民族呢？

1999年，中南民族学院石宗仁教授发表论文《东夷、苗蛮的共同祖先与族称》，对徐夷的族属提出了自己的见解：

> 东夷的自称是根牟夷和其后的荆蛮。淮夷之淮、徐夷之徐，是以水名、地名分称，其实为根牟夷（或荆蛮）的一部分。正如郭沫若先生在其著《中国古代史研究》中所指出："周初周公及伯禽等征伐淮夷、徐戎时，成王曾亲自出马，淮夷

图 10-3　江苏赣榆徐福村徐
福祠
（李国栋摄）

图 10-4　徐福故里景区内的徐福庙
（李国栋摄）

即楚人，即蛮荆，徐戎即舒人，即邻方。淮、徐、荆、舒每连言，必系同族。""淮夷即楚人，即蛮荆"，蛮荆即荆蛮，可知淮夷即荆蛮，与荆蛮同一族类。而荆蛮呢，据《册府元龟》卷957《外臣部·国邑》载："荆蛮，盘瓠之后也……长沙、黔中五溪蛮皆是也"。万历《湖广总兵·方舆一》曰："诗称蛮荆，种自盘瓠"。可知淮夷、荆蛮均为苗族先民。[①]

在这段引文中，石教授试图通过论证淮夷和徐夷都是"荆蛮"，而"荆蛮"又是苗语"根牟"的汉字音译这一词源学逻辑，然后再结合"荆蛮"与黔中五溪蛮盘瓠信仰等民俗学证据，来证明淮夷和徐夷都属于苗族。

2000年以前，苗族起源于湖南澧阳平原城头山遗址的观点尚未提出，所以石教授采用上述逻辑论证是完全可以理解的。但是，正因为苗族起源地不明，这一逻辑论证本身便包含着弱点。石教授认为，从伏羲（句芒）一直到蚩尤都是苗族，"苗蛮与东夷为同一族类"。[②]但如果东夷集团从伏羲开始就等同于苗蛮集团的话，那苗族就应该起源于山东或安徽一带，肯定比五溪蛮的盘瓠信仰出现早，而且苗族应该是从山东逐渐迁徙到长江中游乃至湘西才对。但这样一来，用"荆蛮"（根牟）来论证淮夷和徐夷的族属就行不通了。

从考古学角度看，也没有证据支持这一观点。稻作起源于长江中下游，那里的野生稻采集可以追溯到12000年前，大规模稻作栽培也可以追溯到6000年前。因此，作为稻作民族的苗族不可能起源于山东或安徽。

在考古学和历史学领域，有一种意见认为伏羲代表7400—6400

---

① 石宗仁.东夷、苗蛮的共同祖先与族称［J］.中央民族大学学报（哲学社会科学版），1999（4）：54.
② 石宗仁.东夷、苗蛮的共同祖先与族称［J］.中央民族大学学报（哲学社会科学版），1999（4）：54.

年前的山东北辛文化，少昊代表 6400—4600 年前的
山东大汶口文化。在此基础上思考，蚩尤则应该代
表 4500—4000 年前的山东龙山文化。《逸周书·尝麦》
云"命蚩尤于宇少昊"，由此可知蚩尤晚于少昊，但他
接管了少昊的地盘。

　　北辛文化和大汶口文化都是粟作文化，而龙山文化
则是稻作文化。生计方式的这一转变发生在大汶口文
化晚期，莒县的陵阳河遗址、大朱村遗址、小朱村遗
址检测出的稻作遗存都可视为证据。陵阳河遗址和大
朱村遗址都出土了大汶口文化晚期的大口尊，其上有
明显的属于稻作文化的刻画符。

　　图 10-5 和图 10-6 两个大口尊上都出现了"阳鸟

图 10-5　陵阳河大口尊
（李国栋摄于莒州博物馆）

图 10-6　陵阳河大口尊
（同图 10-5）

负日符"。这个"阳鸟负日符"有繁简两种，图 10-5
为繁，阳鸟负日下面刻有山峰，表示太阳已高高升起；
图 10-6 为简，山峰被省略掉，仅有阳鸟负日图案。当
然，也有学者认为图 10-5 为"日月山"，或把中间的
"飞鸟"理解为"云"。但是，结合长江中下游的"双鸟
负日符"（河姆渡遗址出土）或"四鸟负日符"（湘西
下湾遗址出土），可知上述刻画符都是以山为背景的鸟
与太阳的组合，显示出稻作民族的太阳信仰。也就是
说，稻作民族在 4800—4600 年前已经进入山东南部。

山东日照市有著名的两城镇遗址（图 10-7），该
遗址龙山文化早期地层出土了 2 粒粟；龙山文化中期

图 10-7　山东日照市两城镇遗址
（李国栋摄）

182

前段地层出土了 91 粒粟、2 粒黍、448 粒稻和 1 粒麦；龙山文化中期后段地层出土了 5 粒粟、4 粒黍、6 粒稻和 1 粒麦。根据这一考古学证据，凯利·克劳福德、赵志军、栾丰实等学者在论文《山东日照市两城镇遗址龙山文化植物遗存的初步分析》中提出了这样的结论：

> 通过对两城镇遗址浮选结果中稻和粟在数量和分布密度上的对比分析，我们认为，在当时的经济生活中稻可能比粟占有更重要的地位。明确这一点是非常重要的，因为在这之前人们一直认为粟是华北绝大部分地区最主要的，也可能是唯一的农作物。[①]

91 粒粟、2 粒黍对 448 粒稻这一数量比清楚地告诉我们，自龙山文化中期的 4300 年前起，稻作农耕便已成为山东半岛的主要生计方式，而生计方式的转变则说明到 4300 年前为止，已有大量稻作民迁入山东半岛。笔者认为，这些稻作移民应该就是苗族族属的九黎稻作联邦，蚩尤则是九黎稻作联邦的晚期领袖。

总而言之，从山东半岛粟作农耕与稻作农耕的生计转换来看，稻作农耕进入山东半岛当在 4800—4600 年前，到 4300 年前为止，苗族族属的九黎稻作联邦已经形成。本书第七章第三节已经指出，苗族起源于长江中游的澧阳平原城头山遗址一带，5800 年前开始向东北方向迁徙，大汶口文化晚期才迁入山东半岛。因此，"东夷"中远早于 4600 年前的伏羲集团不可能是苗族。

也就是说，"东夷"在族群上可以分为两个阶段。在稻作农耕传入山东半岛以前，即在大汶口文化中期以前，"东夷"以粟作农耕为主要生计方式，与苗族无关。但是，从大汶口文化晚期起，包括整个

[①] 凯利·克劳福德，赵志军，奕丰实，等. 山东日照市两城镇遗址龙山文化植物遗存的初步分析[J]// 栾丰实. 两城镇遗址研究. 北京：文物出版社，2009：274.

龙山文化时代，苗族开始进入山东半岛，并建立起九黎稻作联邦，而徐夷便产生于龙山文化时代末期。因此从这个意义上讲，苗族九黎稻作联邦与徐夷在族属和文化上理应一脉相承。本书第七章第三节也曾指出蚩尤九黎、皋陶淮夷和若木徐夷之间存在"yu"（you）音证据链，这个"yu"音证据链从词源学层面告诉我们，龙山文化时代的上述三大族群确实一脉相承，皆以蚩尤（苗语实名"yu"）为始祖。由是观之，徐夷应该属于蚩尤的直系后裔，其族属为苗族尤支系。

三、徐福的"fu"与苗语"hfud"

图 10-8　贵州雷山县苗族"银翅"（李国栋摄于西江千户苗寨）

徐夷既然是蚩尤直系后裔，那山东陵阳河等遗址出土的大口尊上的"阳鸟负日符"则必然属于苗族传统纹样，在苗族传统聚居区应该能够找到它的印证。

秦汉以后，贵州山地成为最大的苗族聚居区。笔者在那里做田野调查时发现，雷山县一带的苗族"银翅"（图10-8）头饰与山东陵阳河等遗址出土的大口尊上的"阳鸟负日符"本质相通。

当地苗族妇女盛装时一般都会戴银帽，然后在银帽上再插"银翅"。"银翅"当地苗语称"ghab dak nix"（苗语拼音最后一个字母不发音，仅表示声调）。"ghab"为词头，"dak"意"翅膀"，"nix"指"银"。按照苗语修饰语后置于中心词的语序翻译，确确实实就是"银翅"的意思。"银翅"顶端一般都会装饰一点鸟毛，所以从这一点我们也可以看出，"银翅"确实是鸟的象征。

仔细观察"银翅"，中央有一轮太阳，太阳上方还有条状太阳芒，而且是两只"银翅"在其左右展开，正是"阳鸟负日"的形象，与大口尊"阳鸟负日符"的简化版完全一致，这也从另一个侧面证明，山东陵阳河文化带有苗族文化特征。

包括雷山县在内，贵州东南部的苗族皆以蚩尤为其人文始祖，甚至在丹寨县腊尧村和扬颂村还住着蚩尤的直系后裔。这两村的苗人至今自称"尤人"（naix yul），每年农历十月第二个丑日都要举办"祭尤节"（nongx yul），祭祀他们的直系祖先蚩尤。他们说，他们的始祖蚩尤曾居住在东方大海边。

《尚书·禹贡》曾记载，山东青州潍水、淄水流域有"嵎夷"。《史记·五帝本纪》中亦作"郁夷"，可见"嵎"和"郁"都是"yu"的汉字音译。结合贵州蚩尤后裔的叙述，"嵎夷"或者说"郁夷"应该就是指九黎稻作联邦崩溃后没有马上逃离山东半岛的那批"尤人"。但是，到了舜帝"流共工于幽州，放驩兜于崇山，窜三苗于三危，殛鲧于羽山，四罪而天下咸服"（《尚书·尧典》）的时候，这些"尤人"也不得不流落到淮河流域，被华夏族称为"淮夷"。

后从"淮夷"中又分化出"徐夷"，聚居于山东南部至江苏北部一带。不过，西周至战国时代，徐夷被打散，部分徐夷东渡日本避难，部分徐夷南下江苏浙江，还有部分徐夷继续逃往福建、江西、广东以及云贵山地。

综上所述，苗族尤支系及其文化虽然在徐夷故地早已消失，但在贵州大山之中一直传承至今。因此，我们完全可以借助贵州东部苗语来阐释徐福（市）的"fu"的真实含义。

贵州东部苗语中有"hfud"一词，本义为"首领"。发音虽然比汉语"fu"复杂（hf 与 f 的区别），但二者发音非常近似，所以笔者认为，这才是徐福的"福"（市）所模拟的那个音。也就是说，"hfud"并不是徐福本人的实名，而是他的职位。他应该是赣榆一带徐夷的首领或当地徐氏族长，居住在徐阜村。但时过境迁，司马迁编撰《史记》时，只知道徐福其人曾被称作"hfud"，于是便将这个称呼用发音近似的汉字记录下来。又因"市"和"福"同音，所以也就未做统一。其结果，就留下了两个音同而字异的汉字表述，为我们探究徐福出海的历史真相提供了重要线索。

阐明徐福的"福"为苗语"hfud"的音译汉字以后，我们终于发现徐福之所以可以率领庞大的船队出海去"三神山"（图10-9），主要是由于他原本就是当地徐氏的"首领"。如果仅仅是一个"方士"，即使得到了秦始皇的出海许可，也没有统帅当地民众的能力。

另外，徐福的"首领"身份可以进一步证明徐福出海实为徐夷的又一次海外大逃亡。徐福去"三神山"为秦始皇寻找长生不老药，实为躲避秦朝的压迫，这一见解早已有人提出，笔者也深有同感。但是，笔者心中一直留有一个疑问：作为海边的一个"方士"，徐福想去日本避难用得着组建那么大的船队吗？虽然有禁海令，但几个人，甚至十几个人偷偷弄一条船出逃也不是不可能的。

现在，当阐明徐福的"首领"身份以后，我们终于明白，徐福出海从一开始就不一个个人行为。徐福作为当地徐氏族长，他计划将当地徐氏整族迁往日本，包括孩童，这就必须得到秦始皇的许可才能实现。于是，徐福便利用秦始皇身体不好又想长寿的心理，编造出三神山有长生不老药的故事哄骗秦始皇，并以此获得组建庞大团队、带领百工及童男童女出海的机会。笔者推测，赣榆当地的徐氏几乎整族都随这庞大的团队去了日本。

2020年8月，笔者去江苏赣榆徐福村踏访，曾问徐姓村民还有多少户？但出乎笔者预料的是，该村村民说："一户都没有了，都被秦始皇打跑了。"一户徐姓村民都没有的徐福村，想起来有些奇怪，

图 10-9　日本"有田烧"青花方盘"徐福出海"
（李国栋购于日本佐贺县有田町）

但这一事实正好可以成为当地徐氏随徐福整族迁往日本的证据。

2020年10月，笔者去浙江省慈溪市达蓬山下凤浦岙岙底徐村的徐福东渡出海遗址（图10-10）考察，发现在村口徐福庙遗址旁边种着一棵高大的枫香树（图10-11）。在村口种枫香树是苗族的古老习俗，本书第七章第四节谈及的贵州台江县施洞镇巴拉河村口的枫香树就是一个例证。

图10-10　徐福东渡出海遗址碑
（李国栋摄于浙江慈溪岙底徐村）

图 10-11　岙底徐村村口的枫香树

（余翌珍摄）

枫香树一般生长在海拔较高的山区，但岙底徐村海拔不超过 10 米，根本不可能有枫香树自然生长。也就是说，这棵枫香树肯定是岙底徐村村民作为守寨树特意种植在村口的。

岙底徐村并不大。据当地传说，凤浦岙曾是天然良港，徐福的船队曾在这里集结，等待适合出海远航的潮汐。在出海前，徐福将身体虚弱或生病的徐人留在凤浦岙的岙底调养，于是，这些留在岙底里的徐人便组建了岙底徐村。直至今日，所有岙底徐村村民仍以自己的祖先徐福为自豪。

本书第七章曾根据徐夷与蚩尤九黎的历史承袭脉络，判断徐夷的族属是苗族。现在，岙底徐村村口的枫香树再次向我们证明了这一点。

本书第九章曾谈到越国子爵琼琼杵尊东渡日本，其曾孙成为日本第一代天皇神武天皇的历史。其实，中国民间也有徐福东渡日本，成为日本第一代天皇的传说。除了山东至浙江的几处徐福出海传说地以外，笔者也考察过日本佐贺县诸富町、和歌山县新宫市等徐福登陆传说地，并参阅过《新撰姓氏录》等古代文献。最终得到的结论是：徐福确实去了日本，但并没有成为日本第一代天皇。因为在所有的徐福传说中都缺少"天孙降临"的要素。

前方后圆坟与三角缘神兽镜

2019 年 7 月，在第四十三届世界遗产大会上，日本近畿地区的
"百舌鸟·古市古坟群"被列入《世界遗产名录》。"百舌鸟·古市古
坟群"中最大的古坟是仁德天皇的"大仙陵"，全长 486 米；前方部
宽 307 米，高 33.9 米；后圆部直径 249 米，高 34.8 米，属于典型的
前方后圆坟。

"前方后圆坟"由日本江户后期学者浦生君平命名，现在已成为
日本考古学界的固定术语。但平心而论，前方后圆坟的形态并不是
"方形＋圆形"，而是"等边三角形＋圆形"。有日本学者进一步将前
方后圆坟的形态细化为"镜柄型""拨子型"和"等边三角形型"[①]，但
总体而论，其基本形态仍然是"等边三角形＋圆形"。因此，本章就
从"等边三角形＋圆形"这一形态谈起。

一　箸墓古坟的形态特征

前方后圆坟最早出现于奈良盆地东南部的缠向古坟群，而标准
定型化的前方后圆坟则始于箸墓古坟。从空中俯瞰，箸墓古坟确实
可以理解为等边三角形与圆形的组合（图 11-1）。迄今为止，受其
名称影响，从"方形＋圆形"的角度阐释箸墓古坟等前方后圆坟的研

---

① 石野博信. 古坟形态的意味［J］. 季刊考古学. 1992（40）：17.

图 11-1　箸墓古坟俯瞰图
（《探访日本的古坟　西日本编》[①]）

究很多，主要观点可以归纳为"天圆地方说"和"壶形
说"。日本著名考古学家寺泽薰在其专著《王权诞生》
中曾做如下阐述：

　　其一为圆与方的合体说，圆表示天，方表
示地，所以圆与方可以理解为表现出阴阳融合
的宇宙观。其二是前方后圆坟模仿壶形的说法，
认为壶或瓢表示母胎，是再生、丰饶的容器。
中国的神仙思想相信，东海中有壶形的蓬莱山，

① 森浩一.探访日本的古坟　西日本编［M］.东京：有斐阁,1981：卷首
　彩页.

192

上有神仙居住，生长着长生不老药。倭人追求长生不老的神仙境界，所以修建了壶形坟墓。

我赞同圆与方的合体说。（中略）的确，前方后圆坟绝不单单是坟墓。即使不拘泥于神仙思想，天＝圆、地＝方这种二元世界的融合应该与筒形台器（特殊台器）、壶以及弧带纹一样，是一种与酋长灵魂的再生与增幅以及共同体的强化紧密相连的想法。我认为，前方后圆坟本身应该是为了强化酋长灵魂而创造出来的日本式巨型奇观，也是为举行秘仪而设置的舞台装置。①

对于上述引文中谈到的阴阳合体以及转世再生等意见，笔者是赞同的。但关键是，前方后圆坟的实际形态并不是"前方＋后圆"，更与壶形或瓢形相差甚远。实际上，前方后圆坟是"等边三角形＋圆形"，只不过三角形的锐角与圆形重叠，表面上看不到而已（图11-2）。因此，在这里有两个问题值得我们深入探讨：第一，前方后圆坟的形态为什么是"等边三角形＋圆形"？第二，等边三角形的锐角与圆形的重合到底意味着什么？

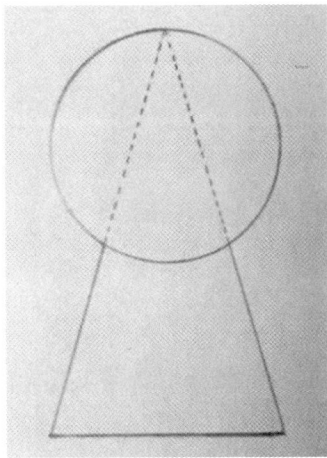

图 11-2　箸墓
（余翌珍绘制）

箸墓被日本宫内厅认定为《日本书纪·崇神纪》中记载的女巫倭迹迹日百袭姬命的陵墓，而日本著名考古学家笠井新也则进一步指出，倭迹迹日百袭姬命即

① 寺泽薰.王权诞生［M］.东京：讲谈社，2000：261.

三世纪邪马台国女王卑弥呼，所以箸墓就是卑弥呼的陵墓[①]。另外，日本考古学界通过对周边出土陶器样式的分析，断定箸墓的修建肯定早于公元 270 年[②]。"卑弥呼"日语读"himiko"，本义为"日巫子"，即代表太阳神的巫女，所以前方后圆坟在形态上肯定与太阳信仰有关。

但另一方面，根据《日本书纪·崇神纪》的记载，倭迹迹日百袭姬命的夫君是蛇神，所以前方后圆坟又与蛇信仰脱不了关系。

> 是后，倭迹迹日百袭姬命为大物主神之妻。然其神常昼不见，而夜来矣。倭迹迹日百袭姬命语夫曰："君常昼不见者，分明不得视其尊颜。愿暂留之。明旦仰欲觐美丽之威仪。"大神对曰："言理灼然。吾明旦入汝栉笥而居。愿无惊吾形。"爰倭迹迹姬命心里密异之。待明以见栉笥，遂有美丽小蛇，其长大如衣纽，则惊之叫啼。时大神有耻，忽化人形，谓其妻曰："汝不忍，令羞吾，吾还令羞汝。"仍践大虚，登于御诸山。爰倭迹迹姬命仰见，而悔之急居，则箸撞阴而薨。乃葬于大市。故时人号其墓，谓箸墓也。[③]

其夫君原来是一条"美丽小蛇"，后"践大虚，登于御诸山"，显示出他的山神本质。山神同时又是蛇神，这是古代日本稻作民的想法。远古时代的稻作民多在大河两岸的低湿地种稻，而河水的源头多在山上，蛇的习性又喜欢栖息于水源地，所以稻作民认为蛇既是

① 笠井新也. 卑弥呼即倭迹迹日百袭姬命[J]. 考古学, 1924, 14（7）: 396—408.
　笠井新也. 箸墓古坟的考古学考察[J]. 考古学, 1943, 33（3）: 114—138.
② 岸本直文. 倭地国家的形成与古坟时代开始的过程[J]. 国立历史民俗博物馆研究报告. 2014（185）: 371.
③ 日本书纪（一）[M]. 坂本太郎，家永三郎，井上光贞，等，校注. 东京: 岩波文库, 1994: 507.

山神，也是水神。

倭迹迹日百袭姬命的蛇神夫君临走前曾对她说"汝不忍令羞吾，吾还令羞汝"，所以倭迹迹日百袭姬命随后被"箸"戳进阴部而死。日本的箸筷自古就是细长的圆锥形，可以视为缩小的矛，而矛在日本传统文化中被视为蛇的象征，所以圆锥形的"箸"戳进倭迹迹日百袭姬命的阴部，可以理解为蛇与巫女的宗教性模拟交合，模拟交合的失误很可能就是导致倭迹迹日百袭姬命或者说卑弥呼死亡的原因。因此从这个意义上讲，箸墓的形态应该是对卑弥呼与蛇进行宗教性模拟交合的再现，同时也是对其死因的暗示。

倭迹迹日百袭姬命的蛇神夫君"昼不见而夜来"，说明他们的婚姻具有稻作文化背景。稻作始于女人采摘野生稻穗，并在这一过程中将野生稻驯化为栽培稻。因此，在稻作文化圈，女人是家庭生活乃至社会生活的中心，远古时代的婚姻中也是男人出嫁，走婚便是其主要形式。云南泸沽湖畔的摩梭人聚居区至今还保留着走婚村寨，笔者曾去那里考察。摩梭人的每个家庭都设有祖母堂，祖母是一家之主。白天看不到成年男子，成年男子只有到天黑以后才能去女方家过夜，而且第二天天亮前必须离开。

图 11-3　摩梭人母系家庭认定牌（李国栋摄于云南泸沽湖畔"女儿国"）

参考云贵山地的走婚习俗，我们可以断定倭迹迹日百袭姬命与大物主神的婚姻其实就是走婚。古日语中也有"走婚"一词，叫作"妻问婚"（tsumadoikon）。

图 11-4 利苍前方后圆坟
（李国栋摄于湖南省博物馆）

1972 年，湖南省长沙市东郊发现了马王堆汉墓，墓主人是西汉初期长沙国丞相利苍及其夫人和儿子。共有三座墓葬，一号墓是利苍夫人辛追墓，二号墓是利苍墓，三号墓是利苍之子利豨墓。根据湖南省博物馆的复原，辛追墓和利豨墓都是方坟，但利苍墓却是由等边三角形和圆形组合而成的前方后圆坟（图 11-4）。

当然，湖南省博物馆只对利苍墓地下部分做了复原，据说挖掘前，利苍墓的地表封土仅剩下一个圆形土包，看上去好像是一座圆坟。湖南有玉蝉岩、彭头山、汤家岗、城头山等远古稻作遗址，是稻作起源地之一，同时也是传统稻作民族苗族的发祥地。本书第七章已经指出，日本古代稻作文化传承着"苗族基因"，而在苗族发祥地又出现了西汉时期的前方后圆坟墓葬，这就明确地告诉我们，日本前方后圆坟并非日本所独有，它的形态学意义应该在稻作文化中进行阐释。

在远古时代的稻作文化圈，太阳神是女性，纹样为圆形；蛇代表男性，纹样为三角形。在此前提下思考，前方后圆坟所显示的三角形与圆形的组合便有了明确的指向：三角形与圆形的组合，特别是三角形的尖部插入墓室则意味着男女交合，预示生命的再生。

但是，如果我们总是用"天圆地方"观念去解释前方后圆坟的话，就完全不能理解太阳神意象与蛇神意象，更不能阐明二者交合的意义。

前方后圆坟一直流行到 7 世纪初，以后就完全消失了。关于它的消失，日本史学家熊谷公男认为与日本倭王在地方设置"官家""国造""部民"等机构有关。

> 近年来的考古学研究证明，从 6 世纪末到 7 世纪初，日本列岛各个地方同时都不再修建从古坟时代初期起一直都在修建的前方后圆坟了。5 世纪以后社会结构的变化，再加上倭王任命"国造""伴造"，设置"部民"等原因，酋长权力被削弱，不能再像以前那样动员大量农民来修建酋长陵墓，这应该是其中的一个原因。更直白地说，"国造制"的设立加速了"前方后圆坟时代"的终结。[①]

熊谷公男强调，地方统治机构的变化加速了"前方后圆坟时代"的终结，笔者赞同他的观点。不过，从笔者的角度看，"前方后圆坟"因制度的变革而消失，这本身就说明前方后圆坟的形态源于联邦首领的宗教信仰。也就是说，前方后圆坟的消失标志着日本从相互认同的信仰联盟转变成倭王任命的制度统治，这一变化所反映的，正是日本历史从邪马台联邦走向带有中央集权性质的大和国的历程。

三、三角缘神兽镜的纹样特征

日本前方后圆坟中多有三角缘神兽镜出土。离箸墓古坟不远，与箸墓古坟同时代的黑塚古坟就出土了 33 面三角缘神兽镜。日本铜镜研究家樋口隆康曾在《三角缘神兽镜综鉴》中明确指出，日本三角缘神兽镜有以下六个特点：

---

① 熊谷公男 . 从大王到天皇［M］. 东京：讲谈社，2001：191.

（1）直径多为21—23厘米，偶尔亦有19厘米或25厘米者。

（2）镜缘断面呈三角形。

（3）外区由锯齿纹带、复线波纹带、锯齿纹带组成。

（4）内区的副圈带多为铭文带、唐草纹带、兽纹带、波纹带或锯齿纹带中之一种。

（5）主纹区由四个或六个乳钉等间距区分开来，其间配置神像和瑞兽，呈求心式或同向式。

（6）铭文有七字句数种、四字句一种。[①]

上述六个特点也可以视为判断三角缘神兽镜的标准。不过再结合实物型式（图11-5），我们会发现三角缘神兽镜的主要纹样特征主要有三点：①镜背外缘的横断面是高高隆起的正三角形；②外区一定会出现两圈锯齿纹，中间夹一圈复线三角形水波纹；③内区还会出现一至两圈锯齿纹或一圈复线三角形水波纹。由此可见，三角形在三角缘神兽镜上表现得非常明显。当然，在东汉至三国时代的铜镜中，有相当多的铜镜外缘是尖状隆起的，但日本学者将断面非正三角形的镜缘命名为"斜角缘"，以示与"三角缘"的区别。

日本学者一直强调，在中国出土或传世的铜镜中，没有一面完全符合上述六个标准。但是，根据上述三点主要纹样特征判断，日本的三角缘神兽镜完全属于中国东汉神兽镜系列（包括龙虎镜、盘龙镜等），作为纹样并不具有任何异质性。

首先看三角缘。浙江省宁波市奉化区萧王庙就出土了一面东汉时期的三角缘车马神兽镜（图11-6），其镜背外缘呈正三角形，目测直径也超过了21厘米。如果直径21厘米以下的铜镜也算在内的话，

---

① 樋口隆康.三角缘神兽镜综鉴［M］.东京：新潮社，1992：141.

图 11-5 椿井大塚山古坟出土的三角缘神兽镜
（《三角缘神兽镜综鉴》[①]）

① 樋口隆康.三角缘神兽镜综鉴［M］.东京：新潮社,1992：彩版三.

图 11-6　东汉三角缘车马神兽镜
（李国栋摄于宁波博物馆）

东汉时期的三角缘神兽镜就更多了，图 11-7 就是一例。

图 11-7 镜背有锯齿纹、复线三角形水波纹和栉齿纹，而且其组合与日本出土的三角缘神兽镜完全相同。其实，锯齿纹、复线三角形水波纹和栉齿纹在东汉时期的神兽镜中很常见，所以从主要纹样上看，日本出土的三角缘神兽镜并不特殊。

不过，日本三角缘神兽镜所呈现的纹样组合属于最复杂的级别。在中国东汉时期神兽镜系列中，我们也可以看到更简单的纹样组合，例如，双圈栉齿纹与单线三角形水波纹的组合（图 11-8）、双圈锯齿纹与单圈栉齿纹的组合（图 11-9）等，可见日本三角缘神兽镜所呈现的纹样组合是在此基础上发展起来的。

当然，如果将三角缘放宽到包括斜角缘的话，还会有更多中国东汉时期的神兽镜与日本三角缘神兽镜相似。例如，图 11-10 的神人瑞兽画像镜，斜角缘，直径 21.2 厘米，镜背外区有双圈锯齿纹夹一圈复线三角形水波纹，内区有一圈栉齿纹，除了镜缘不是三角缘以外，其他主要纹样与日本三角缘神兽镜几乎完全相同。

因此我们可以断定，日本三角缘神兽镜完全继承了东汉神兽镜的谱系，只是在三角缘和尺寸上显示出日本古代倭人特有的偏好和信仰。

当然，与日本三角缘神兽镜相同或相似的纹样也多见于尚方规矩镜的镜背之上（图 11-11），但尚方规矩镜的镜缘多为平缘。

关于三角缘神兽镜的产地，日本学者一百年前就提出了"魏镜说"，认为三角缘神兽镜是为邪马台国女王卑弥呼"特铸"的，即《三国志·魏书·东夷传》"倭人"条记录的魏王所赐"铜镜百枚"的一部分。后来也有日本学者提出"乐浪制作说"，认为三角缘神兽镜是在朝鲜半岛北部的乐浪郡制作的。但是，20 世纪 80 年代，中国著名考

---

① 陈凤九.丹阳铜镜青瓷博物馆千镜堂[M].北京：文物出版社,2007：159.
② 陈凤九.丹阳铜镜青瓷博物馆千镜堂[M].北京：文物出版社,2007：202.

图 11-7　东汉三角缘龙虎镜
（李国栋摄于浙江省博物馆武林馆区）

图 11-8　东汉四乳四虎镜
（《丹阳铜镜青瓷博物馆千镜堂》[1]）

---

[1] 陈凤九 . 丹阳铜镜青瓷博物馆千镜堂［M］. 北京：文物出版社，2007：178.

图 11-9 东汉"伍子胥"画像镜
（同图 11-8）

图 11-10　东汉神人瑞兽画像镜
（同图 11-8）

图 11-11　东汉尚方八禽规矩镜

（同图 11-8）

古学家王仲殊提出了"吴国工匠东渡日本制作说"：

> 长期以来，日本学者认为三角缘神兽镜是中国的魏镜，是魏朝皇帝赠送邪马台国女王卑弥呼的礼物。但是，我从三角缘神兽镜的形制、图纹和铭文等各方面考察，确认它们是吴的工匠东渡日本，在日本制作的。我的理由是：（1）三角缘神兽镜在日本大量出土，但始终没有在中国出土；（2）三角缘神兽镜图纹中的某些纹样，不见于任何中国出土的铜镜；（3）与三角缘神兽镜相似的平缘神兽镜和三角缘画像镜等中国出土的铜镜，是吴镜而不是魏镜；（4）三角缘神兽镜铭辞中有"用青铜，至海东"等词句。以上各点都说明，三角缘神兽镜不是在中国制作的，而是东渡的吴的工匠在日本制作的。①

根据笔者在浙江、安徽、江苏一带的实地考察，王仲殊的"吴国工匠东渡日本制作说"应该比日本学者的"魏镜说"或"乐浪制作说"更为合理。但是，日本的三角缘神兽镜在尺寸上所显示出的偏好和在三角缘上所显示出的信仰，都属于古代倭人所特有，所以最大的可能性是，吴地工匠按照古代倭人的指令在日本制作了日本三角缘神兽镜。

在中国江南一带，东汉时期的神兽镜或尚方规矩镜的纹样主要表现神仙世界，而神仙世界必有山和水。

但是，日本三角缘神兽镜特别强调三角缘，而且将锯齿纹、复线水波纹和栉齿纹的组合提高到最高级别。本书已反复指出，三角形是蛇的象征。由此我们可以知晓，日本三角缘神兽镜的三角缘表现

---

① 王仲殊.从日本出土的铜镜看三世纪倭与中国江南的交往[J].华夏考古,1988（2）：76.

蛇的盘踞状，反映出日本古代倭人强烈的蛇信仰。

当然，从日本弥生中期流行的连弧纹铜镜（内行花纹镜）来看，日本的铜镜崇拜始于太阳信仰，但流行于弥生晚期至古坟时代的三角缘神兽镜则将太阳信仰和蛇信仰结合起来，这一变化带有浓厚的信仰统合色彩，值得我们深入研究。

三、"邪马台"联邦与新的民族、国家认同

日本前方后圆坟和三角缘神兽镜的共同特征就是三角形与圆形的组合，显示出太阳信仰与蛇信仰的一体性[①]。前方后圆坟和三角缘神兽镜都是以邪马台国为背景出现的，那么，这个国家为什么称作"邪马台"？在意义层面与三角形和圆形的组合又有什么内在联系呢？

中日两国的学术界一致认为，"邪马台"是日语近似音的汉字音译，但关于其所模拟的日语读音，却有两种意见。主流意见认为读"yamato"，但也有人认为读"yamada"[②]。"邪马台（臺）"的上古音读"ʎia mea də"[③]，3世纪的洛阳音读"iɒ mɒ d'əǐ"[④]，但日语发音中没有"də"这个音。"də"的音值介于"to"（do）与"da"之间，所以一定要把"də"转换成日语发音的话，"to"和"da"这两种可能性都存在。也就是说，上述两种意见都讲得通。但是，倘若在此基础上再结合古日语"万叶假名"的读音规则来判断的话，那这个"台（臺）"则应该读"to"。

① 太阳信仰与蛇信仰的一体性这一观点，最早由笔者和程海芸提出。李国栋，程海芸.论太阳信仰与蛇信仰的一体性——基于对日本镜与中国苗族镜的考察[J].日语学习与研究，2018（2）：23—29.
② 井泽元彦.逆说日本史1 古代黎明编——被封印的"倭"之谜[M].东京：小学馆，1993：249.
③ 李珍华，周长楫.汉字古今音表[Z].北京：中华书局，1993：314，129.
④ 长田夏树.邪马台国的语言[M].东京：学生社，1979：89.

　　"耶马台""邪马台""野马台"，是用于《后汉书·倭传》《魏志·倭人传》等书中指代"yamato"的称谓。其中"台"同"臺"，是表示乙类音（to）的用字。《神代记》上卷（异传）训注中有"兴台产灵、此云许语等武须昆"，由此便可明了。过去日本人将这些称谓训读为"yabatai""jamatai"或"yamatai"，明显都是误训。[①]

　　以上是日本著名语言学家丸山林平的意见，所举证据很有说服力。"兴台产灵，此云许语等武须昆"的古日语读音为"kogo to musuhi, korewoba kogo to musuhi to ifu"，其中"台"读"to"，可以印证"邪马台"的"台"也读"to"。另外，对照《隋书》中的汉字音译"邪靡堆"、《北史》中的汉字音译"邪摩堆"和日语万叶假名对"yamato"的音译汉字"夜麻登"和"夜摩苔"，我们则可以得到"靡"与"摩"，"台"与"苔"的互证，从而证明"邪马台"确实是"yamato"的汉字音译。

　　至于"yamato"这一发音的本义，自江户时代的新井白石在《外国之事调书》[②]中提出"筑后山门说"以来，一直都有人认为邪马台国曾位于日本九州岛北部的福冈县山门郡，这就是邪马台国"九州说"的起源。

　　主张邪马台国"畿内说"的学者也认为"邪马台"读"yamato"。但是，他们认为其所在地不在九州岛北部，而在本州岛的奈良盆地。例如，日本学者前田晴人就指出，"yamato"的本义是"山之处"，所以结合最古老的前方后圆坟箸墓，就可以确定"yamato"指的是三轮山麓[③]。

① 丸山林平.上代语辞典［Z］.东京：明治书院，1967：1022.
② 宫崎道生.关于《外国之事调书》［J］.史学杂志，1957,66（4）：79.
③ 前田晴人.卑弥呼的鬼道与大三轮的祭祀［J］// 笠井敏光，金关恕，千田稔，等.三轮山与卑弥呼、神武天皇.东京：学生社，2008：49.

　　当然，笔者也认为"邪马台"所模拟的日语音是"yamato"，同时也支持"畿内说"，并认为"邪马台"国很可能就在三轮山麓。但是，对于"yamato"的本义却有不同的理解。

　　根据日本第一部诗歌总集《万叶集》的古音省略规律，笔者认为"yamato"应该是"yamahito"的省略[①]。

　　《万叶集》成书于760年，共收录4500余首和歌，其第100首和歌的第一句是"东人之"。此处"东人"读"azumato"，"azuma"相当于"东"，"to"相当于"人"。另外，在《万叶集》第415首和歌的第五句中有"旅人"一词，被读成"tabito"。"tabi"相当于"旅"，"to"相当于"人"。但是，日语的"人"原本读"hito"，可见以上这两个词都把"hi"或"hi"的浊音"bi"省略掉了。

　　其实，在日语中这种省略是有规律可循的。日语"hayahito"（隼人）被省略为"hayato"，"sukebito"（助人）被省略为"suketto"，"nusubito"（盗人）被省略为"nusutto"，"hanebito"（跳人）被省略为"haneto"，"masahito"（正人）被省略为"masato"。总而言之，在日语构词法中，表示"hito"（人）的"hi"（浊音为bi）一直被习惯性地省略，所以由此反推，"邪马台"的模拟音"yamato"也应该是"yamahito"的省略，其本义为"山人"。

　　"山人"的"山"读"yama"。"ya"表示"三角形"（尖状），"ma"表示"空间"。箭矢也称作"ya"，房屋尖顶也称作"yane"。另外，"ya"在古日语中还有"神圣"之意，汉字作"八"，"八咫镜""八咫鸟""八岐大蛇""八寻殿""八百万神"等词语都可视为例证。由此可见，"yama"不仅是"三角形空间"，同时也是"神圣空间"。因此，"山人"（yamato）就是生活在这个"神圣的三角形空间"并具有蛇信仰的人。

　　日语称"人"为"hito"。日本权威词源辞典《新编大言海》认为，

---

① 李国栋. "邪马台"不读"yamatai"［M］. 东京：白帝社，2005：14—15.

"hito"即"灵止之所"①。也就是说，"hi"意"灵"，"to"为"止"或"所"。不过，笔者在此想特别强调，"hito"的"hi"既是"灵"，也是"日"，而"日"为圆形，孕育万物，所以在生殖层面又特指女性的阴门或子宫，汉字"合"便可视为力证。由此可知"山人"的"人"（hito）本身就包含着稻作文化圈特有的母系太阳信仰。

综上所述，"邪马台"的日语模拟音是"yamato"，而"yamato"又具有鲜明的三角形和圆形意象，在本义层面与前方后圆坟和三角缘神兽镜的形态学意义完全一致。因此从这个意义上讲，前方后圆坟和三角缘神兽镜以邪马台国为背景而出现，一点都不奇怪。

关于邪马台国的具体位置，虽然尚无定论，但随着缠向遗址群的发掘（图11-12），"畿内说"逐渐占据优势。从弥生时代到古坟时代，日本共出土了4000面铜镜，其中就包括500多面三角缘神兽镜。而且就三角缘神兽镜的出土数量而言，也确实是奈良最多，反映出奈良盆地确为当时的政治文化中心。

另外，在4000面铜镜中有13面铜镜有纪年铭文，例如"景初三年""正始元年"等，以三国时期的魏国纪年最多，达到10面，年代都在235—244年之间，与缠向遗址群的年代基本相符。倘若再结合前方后圆坟、三角缘神兽镜与"邪马台"（yamato）这一国名的发音所共同显示出来的形态学特征，我们就可以断定，邪马台国的核心区就在箸墓（箸中山古坟）附近。

邪马台国是一个广域联邦，疆域非常广。《三国志·魏书·东夷传》"倭人"条中有如下记载：

> 自女王国以北，其户数道里可得略载，其余旁国远绝，不可得详。次有斯马国，次有已百支国，次有伊邪国，次有

---

① 大槻文彦.新编大言海［Z］.东京：富山房，1982：1721.

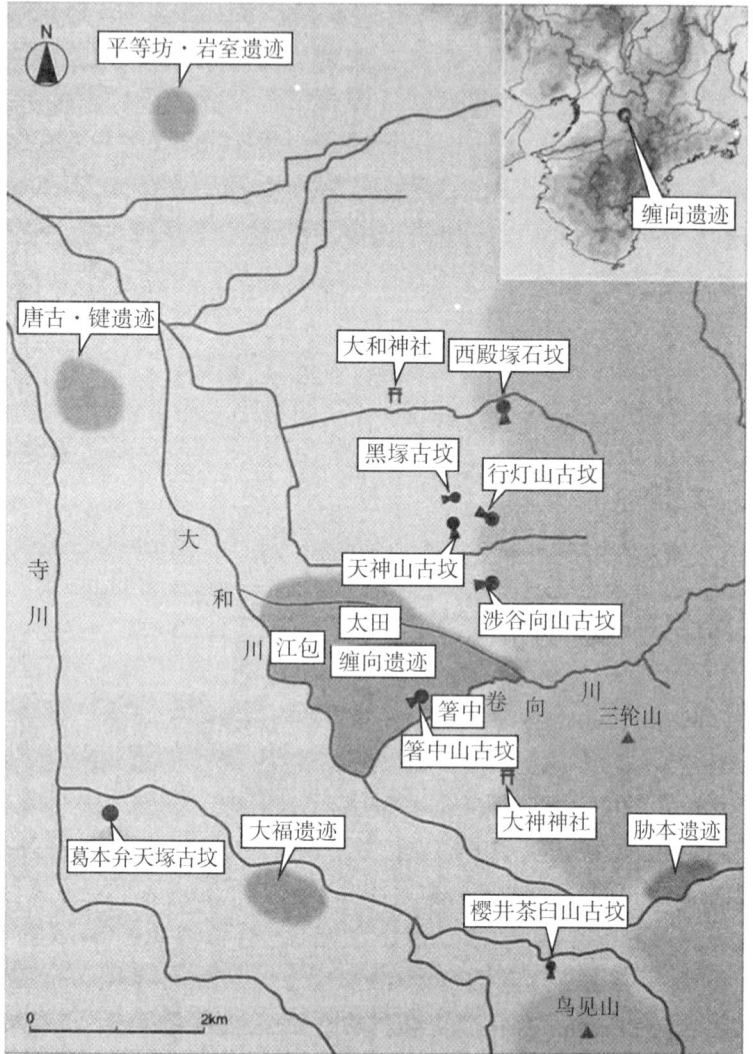

图 11-12　缠向遗址位置

（http://murata35.chicappa.jp/rekisiuo-ku/makimuku01/index.htm）

都支国，次有弥奴国，次有好古都国，次有不呼国，次有姐奴国，次有对苏国，次有苏奴国，次有呼邑国，次有华奴苏奴国，次有鬼国，次有为吾国，次有鬼奴国，次有邪马国，次有躬臣国，次有巴利国，次有支惟国，次有乌奴国，次有奴国，此女王境界所尽。其南有狗奴国，男子为王，其官有狗古智卑狗，不属女王。

对于邪马台国以北（东北），记述极其简略。但反向对于邪马台国以南（西南），却记述得非常详细，一连列出了 21 个国名，并指出最南端的"奴国"即"女王境界所尽"。《隋书·东夷传·倭国》记载："其地势东高西低，都于邪靡堆，则魏志所谓邪马台者也。"将此记录与以上所引结合起来考虑，可知邪马台国处于联邦的核心地位，而文中所列的 21 个小国就是它的成员国。

公元 1—2 世纪，九州岛北部的奴国曾非常强盛。但 3 世纪前期，本州岛奈良盆地出现了邪马台国，政治中心已由九州岛北部转移到奈良盆地。尽管如此，奴国并没有消失，而是作为邪马台联邦最南端的邦国继续承担着对朝鲜半岛和中国大陆的交流窗口作用。奴国强盛时，日本列岛还处于方国林立时代，九州岛北部和本州岛奈良盆地根本就不属于同一个文化圈。但邪马台联邦出现以后，两地及两地之间的多种文化便融合在一起了。

在奴国的中心地带也有一座前方后圆坟，叫"那珂八幡古坟"，其年代与箸墓相同，而且还出土了一面三角缘神兽镜。不过在形态上，两个前方后圆坟又不完全相同，所以日本九州大学教授沟口孝司指出："在古坟时代初期并不是近畿统治地方，而应该是近畿与各地酋长共同建立了一个交流联合体，所以各地区的古坟才有可能还保留着自己的独特性"①。

与箸墓同时，奴国也出现了那珂八幡古坟，而且其中还陪葬了一面三角缘神兽镜，这本身就说明此时的奴国已经接受邪马台国的意识形态。但是，那珂八幡古坟在形态上又与箸墓古坟有所区别，这同时也说明当时奴国还有一定的自治权。沟口孝司教授将这种关系称作"交流联合体"，但在笔者看来，那珂八幡古坟正好佐证了邪马台联邦的存在，而且证明奴国是该联邦的重要邦国。

也正是在此背景下，一个新族称或者说一个新国名登上了历史舞台，它就叫"yamato"。"yamato"虽然被《三国志·魏书·东夷传》"倭人"条记录为"邪马台"，但4世纪以后，则被写作"倭""大和"或"日本"。包括"邪马台"，这四个名称其实都是"yamato"的汉字表述，"邪马台"是音译，其他三个是意译。但不管是音译还是意译，从这四个汉字名称的变化中，我们确实可以清楚地看到新的民族认同和国家认同的形成，而且这个新的民族、国家认同最终促使邪马台（yamato）联邦走向了大和（yamato）王朝。

---

① 给"服属于邪马台"定说投下一石. 西日本新闻,2019-02-14.

第十二章

5 世纪的金错铭铁剑

一 金错铭铁剑的历史学价值

1968 年，日本埼玉县行田市琦玉古坟群中的稻荷山古坟出土了一把铁剑，表面全是铁锈。稻荷山古坟是一座全长 120 米的前方后圆坟，该铁剑由后圆部出土，同时还出土了画纹带环状乳神兽镜和大量的埴轮。

1978 年，元兴寺文化财研究所为该铁剑做防腐保护，在这一过程中意外地发现铁剑正面和背面共有 115 个金错铭文（图 12-1），而且铭文中出现了一个"大王"的名字（图 12-2）。日本主流意见认为，"获加多支卤"这五个汉字读"wakatakeru"，而这个叫"wakatakeru"的大王就是《日本书纪》记载的第二十一代天皇雄略天皇（大泊濑幼武天皇）。

雄略天皇曾在公元 478 年向中国刘宋王朝朝贡，上表曰：

封国偏远，作藩于外，自昔祖祢，躬擐甲冑，跋涉山川，不遑宁处。东征毛人五十五国，西服众夷六十六国，渡平海北九十五国，王道融泰，廓土遐畿，累叶朝宗，不愆于岁。

图 12-1　稻荷山古坟金错铭铁剑

（《国宝 12·考古》^①）

———————

① 文化厅监修.国宝 12·考古［M］.每日新闻社，1984：彩图 4.

图 12-2　日本大王铭文

（同图 12-1）

以上为《宋书·蛮夷传》"倭国"条所载。"东征毛人五十五国，西服众夷六十六国"——倘若事实果真如此，那雄略天皇应该已经统治了日本关东至九州的广大区域，"大和"（yamato）政权已经基本完成了从邪马台联邦到中央集权的转变。但是，以上引文所说是真的吗？

1873 年，日本九州岛熊本县的江田船山古坟曾出土一把铁剑，上有银错铭文"治天下获□□□卤大王"。由于中间三字缺失，所以一直未能破解其义。然而，由于稻荷山金错铭铁剑的出土，我们终于知道"获□□□卤"也读"wakatakeru"，也是指雄略天皇。由此亦可知雄略天皇的统治确实已经达到九州岛腹地，上述奏表中所说的"东征毛人五十五国，西服众

217

夷六十六国"应该是真实可信的。

二、文字产生的奥秘

第十五代天皇应神天皇时，汉字由朝鲜半岛的百济传入日本。倘若确如部分日本学者所说，第十七代天皇履中天皇就是《宋书》中所记载的"倭五王"之首"赞"的话，那第二十一代天皇雄略天皇就相当于"倭五王"之末"武"。有日本学者认为，履中天皇于公元400年即位 ①。那么，再加上第十五代天皇应神天皇和第十六代天皇仁德天皇的在位年代，我们就可以知晓稻荷山金错铭铁剑所反映的大概就是汉字传入日本100年后的使用情况。

雄略天皇的上表文虽然写得很有文采，但那绝非当时日本人的汉语水平，应该出自供职于大和朝廷的汉人之手。上述金错铭铁剑显示，5世纪后期的日本人只能写一些比较简单的古汉语句子，还远远达不到雄略天皇上表文的水平。

当然，与此同时，日本人也开始借用汉字读音标注日语发音，创造了被后世称为"万叶假名"的假名。"万叶假名"不考虑汉字字义，只把汉字当作标注日语发音的注音符号。因此，用"万叶假名"书写的单词、短句或短文，看上去虽然都是汉字，但并不是汉语。

笔者研究稻作文化20多年，有许多发现，其中一个重要发现就是所有稻作民族在远古时代都没有创造文字。世界四大古文明——两河文明、埃及文明、印度文明和黄河文明——都创造了文字，但它们都不种植水稻，以粟作或者麦作为主要生计方式。笔者也考察过玛雅文明，玛雅人也创造了文字，但他们种植玉米，也不种植水稻。

---

① 鸟越宪三郎.中国正史倭人倭国传全释[M].东京：中央公论新社,2004：145.

　　至于为什么所有稻作民族远古时代都没有创造文字，笔者曾在拙著《稻作背景下的苗族与日本》中提出过一个初步的想法，即文字都是在社会发展到带有中央集权性质的帝国阶段时产生的，但稻作社会发展到稻作联邦这一形态就停止了，始终没有转变为中央集权性质的帝国形态①。现在笔者仍然坚持这个想法。

　　公元前10世纪，稻作农耕从长江下游传入日本列岛。当时，中国的黄河中游已经使用甲骨文很久了，但日本列岛仍然没有文字。公元1世纪以后，九州岛北部的"奴国""伊都国"都与中国王朝建立起正式的朝贡册封关系，但仍然没有产生文字。即使到了邪马台联邦时代，也没有产生文字。然而，进入5世纪以后，日本人突然产生了学习汉语的强烈愿望，并在这一过程中借助汉字创造了"万叶假名"。

　　有人认为，文字是在异文化的交流过程中产生的。从大跨度的时间范畴讲，这个说法有其合理性，但笔者想强调的是，异文化交流仅仅是文字产生的前提。

　　笔者在贵州做田野调查时走访过许多苗寨、侗寨和布依寨。苗族、侗族和布依族至今没有自己的文字，而且老人们至今也不学汉字。他们认为，生活中根本就不需要文字。苗族与华夏族的接触可以追溯到4000多年前；布依族是古越族的直系后裔，他们与华夏族的接触也可以追溯到3000多年前；侗族从古越族中分析出来，单独与汉族接触也超过了1000年，但是，他们至今没有自己的文字。因此我们可以说，异文化交流并不是文字产生的决定性条件。

　　作为日本"万叶假名"产生的历史背景，我们不能忽视雄略天皇"东征毛人五十五国，西服众夷六十六国"，并成为统治整个日本的"获加多支卤"（wakatakeru）大王这一历史事实。因为它暗示我们，

---

① 李国栋.稻作背景下的苗族与日本［M］.北京：中国社会科学出版社，2019：39.

5 世纪后期的日本已经出现中央集权的社会形态。

其实，雄略天皇除了东征西讨，在京畿还消灭了两个对王权具有强大影响力的氏族——葛城氏和吉备氏，所以在中央政体中王权得到空前强化，"万叶假名"就是在这个中央集权过程中产生的。

总而言之，文字的产生与一个民族的文明进程紧密相关。一个民族仅仅停留在方国或联邦阶段时，是不会产生文字的。但是，一旦进入中央集权阶段，就一定会产生文字。文字是中央集权的产物，这就是日本稻荷山金错铭铁剑所揭示的文字产生的奥秘。

三 "文字"信仰与"言灵"信仰

如果说从 5 世纪后期起日本才着手创造自己的文字，那绳纹时代以来的 13000 多年，日本人是怎么传承自己历史的呢？答案当然是口传。不过，所谓口传，并不是指老百姓的口口相传，而是靠歌师等特殊职能者凭使命感和记忆力背诵本民族创世记和世代谱系，然后再一代一代地传承下去。

有文字的民族自然会对"文字"产生一种信仰，认为口说无凭，白纸黑字写下来才是准确真实的。但是，没有文字的稻作民族不相信文字的力量，他们信仰"言灵"。

"言灵"日语读"kototama"或"kotodama"。日语权威词源辞典《新编大言海》认为，"言灵"一词与"谈辞"（katarigoto）和"语部"（kataribe）相关，特指依靠背诵来传达世代相传的远古历史事件的特殊职能者的语言。① 从这一解释来看，"言灵"并不像许多通俗解释那样，认为所有语言中都有神灵存在，而是特指"语部"等特殊职能者吟唱的远古历史事件中有神灵存在。

---

① 大槻文彦 . 新编大言海［Z］. 东京：富山房 ,1983：424,746.

　　而且，"语部"吟唱世代相传的远古历史事件并不是在一般的日常性场合，而是在"大尝祭"等极其神圣的场域。其实，场域的神圣性就可以保证"语部"所唱内容的真实性。例如，在"大尝祭"吟唱天皇家族世代相传的远古历史事件时，"语部"要面对皇家祖神天照大神的灵位吟唱，而且他所吟唱的内容天照大神都知道，所以他们绝对不敢瞎编乱唱，否则就会受到祖神的严厉惩罚。

　　类似的情景笔者在贵州做田野调查时亲眼见过。贵州苗族聚居区至今流传着许多包括创世记在内的古歌，由受过训练的歌师或通灵鬼师吟唱。这些上了年纪的歌师或鬼师基本不认识字，但能背诵成千上万首有关苗族远古生活的古歌。笔者曾问过一个男鬼师（图12-3）："您能唱多少古歌？"他回答说："每天从早唱到晚，一个星期唱不完！"由此类推，5—6世纪的日本"语部"也应该能唱成千上万首有关大和民族的古歌。

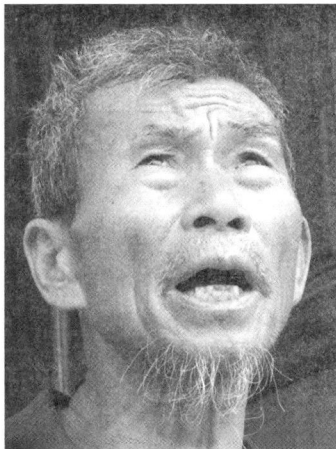

图 12-3　苗族鬼师"告耶"
（安红摄）

　　"言灵"与"文字"相对。远古时代，人们相信"言灵"；中古以后，人们相信"文字"。但是，"言灵"和"文字"哪个可靠呢？

　　在"言灵"信仰的前提下，如果歌师或"语部"记忆出现差错，或代际传承出现断裂，那世代相传的远古历史事件就会出现问题，而文字记录可以弥补这个缺陷。相反，在"文字"信仰的前提下，文字虽然能够准确记录谱系和事件，具体内容却可以按照当权者的意志随意篡改，所以虽然是白纸黑字，但传达的不一定是历史事实。从这一点来讲，"言灵"信仰反而更可靠，因为歌师或"语部"是面对祖神灵位吟唱，具有宗教神圣性，所有出于个人意志的篡改一般不会发生。贵州流传着各种版本的《苗族古歌》，但主线却出奇的一致。这就证明没有发生过出于个人意志的篡改，由此我们也可以确信苗族古歌具有口述史价值。

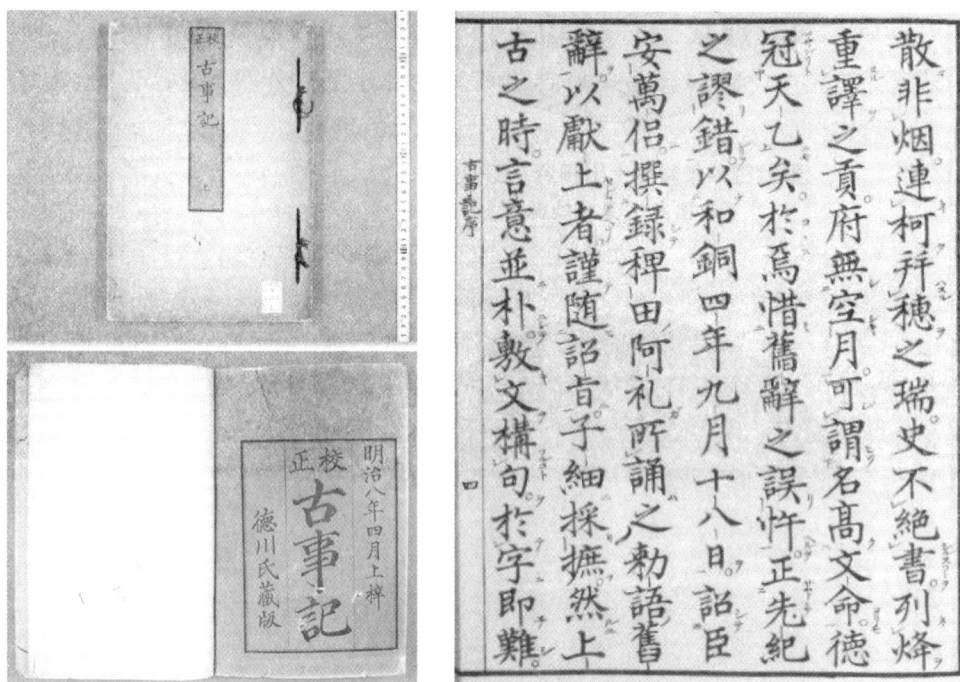

图 12-4　《德川氏藏版正校古事记序》
（德川氏藏版①）

日本大和民族也有一部古歌流传下来，即《古事记》。《古事记·序》记载：

---

① 德川氏藏版古事记［M］．东京：早稻田大学津田文库，1962．

于是天皇诏之：朕闻诸家之所赍帝纪及本辞，既违正实，多加虚伪。当今之时，不改其失，未经几年，其旨欲灭。斯乃邦家之经纬、王化之鸿基焉。故惟撰录帝纪，讨校旧辞，削伪定实，欲流后叶。时有舍人，姓稗田，名阿礼，年是廿八，为人聪明，度目诵口，拂耳勒心。即敕语阿礼，令诵习帝皇日继及先代旧辞。然运移世异，未行其事矣。（中略）于焉，惜旧辞之误忤，正先纪之谬错，以和铜四年九月十八日，诏臣安万侣撰录稗田阿礼所诵之敕语旧辞以献上者，谨随诏旨，子细采摭。然上古之时，言意并朴，敷文构句，于字即难。已因训述者，词不逮心。全以音连者，事趣更长。是以今，或一句之中，交用音训；或一事之内，全以训录。①

以上序言告诉我们，《古事记》的成书有两个背景：一个是天皇的命令；另一个是宫廷歌师稗田阿礼和御用史官太安万侣的配合，即稗田阿礼吟诵，太安万侣笔录。这里涉及两位天皇，即天武天皇和元明天皇。由于有权力背景，《古事记》肯定与民间流传的《苗族古歌》有所不同，其中应该有一些对于天皇家族的美化。但是，《古事记》毕竟是由稗田阿礼吟诵出来的，所以在主线上不会有太大改动。面对天皇家族祖神天照大神的灵位，稗田阿礼是绝对不敢随意瞎唱的。

在这里，御用史官太安万侣的作用值得思考。既然两代天皇都觉得"诸家之所赍帝纪及本辞，既违正实，多加虚伪"，且需"正先纪之谬错"，那按理说，天皇可以直接命令太安万侣动笔修改。但是，天武天皇和元明天皇都没有这样做，而是先"敕语阿礼，令诵习

① 古事记［M］. 仓野宪司，校注. 东京：岩波文库，1963：212.

帝皇日继及先代旧辞"。由此我们可以看出，一直到 8 世纪初，日本依然存在浓厚的"言灵"信仰，所以即使是至高无上的当权者，也不能命令御用史官直接修改帝纪或旧辞。因此从这个意义上讲，《古事记》虽然使用"变体汉文"笔录，但其本质仍然属于"言灵"信仰范畴，属于稻作民族传统的传承方式。而以古汉语书写的《日本书纪》则属于"文字"信仰范畴，是对中国正史的模仿。

本书的研究对象是"非文字交流"，这一章却写到了日本文字的诞生，看来本书已经到了结尾的时候。

远古时代的中日非文字交流不容易写。本书虽然只有 12 章，但其中的一些章节是笔者研究了 10 年以上，个别章节甚至研究了 20 年才写出来的。经过 10—20 年的研究，确实提出了不少新观点，但是否妥当，还望学界同仁批评指正。

参考文献

[1] 笠井新也 . 卑弥呼即倭迹迹日百袭姬命 [J]. 考古学杂志 , 1924, 14(7): 396-408.

[2] 笠井新也 . 箸墓古坟的考古学考察 [J]. 考古学杂志 , 1943, 33(3) :114-138.

[3] 那珂通世 , 三品彰英 . 增补上世年纪考 [M]. 东京 : 养德社 , 1948.

[4] 宫崎道生 . 关于《外国之事调书》[J]. 史学杂志 1957, 66(4): 79.

[5] 风土记 [M]. 秋元吉郎 , 校注 . 东京 : 岩波书店 , 1958.

[6] 德川氏藏版正校古事记 [M]. 东京 : 早稻田大学津田文库 .1962.

[7] 古事记 [M]. 仓野宪司 , 校注 . 东京 : 岩波文库 , 1963.

[8] 国立国语研究所 . 冲绳语辞典 [Z]. 东京 : 大藏省印刷局 ,1963.

[9] 丸山林平 . 上代语辞典 [Z]. 东京 : 明治书院 , 1967.

[10] 稻作史研究会 , 盛永俊太郎 . 稻的日本史（上）[M]. 东京 : 筑摩书房 , 1969.

[11] 图说日本古典 1 古事记 [M]. 东京 : 集英社 , 1978.

[12] 胡麻鹤醇之 , 西岛一郎 . 神道大系 神宫编一 [M]. 东京 : 精兴社 , 1979.

[13] 长田夏树 . 邪马台国的语言 [M]. 东京 : 学生社 , 1979.

[14] 森浩一.探访日本的古坟 西日本编 [M].东京：有斐阁,1981.

[15] 大槻文彦.新编大言海 [Z].东京：富山房,1982.

[16] 谭其骧.中国历史地图集第一册 [M].北京：中国地图出版社,1982.

[17] 民俗文化财研究协议会.日本的祭礼行事 [M].东京：大和文库,1983.

[18] 藤堂明保,清水秀晃.日本语词源辞典 —— 日本语的诞生 [Z].东京：现代出版社,1984.

[19] 文化厅监修.国宝 12·考古 [M].东京：每日新闻社,1984.

[20] 王仲殊.从日本出土的铜镜看三世纪倭与中国江南的交往 [J].华夏考古,1988(2)：76-79.

[21] 中国古文字研究（第四辑)[M].天津：天津古籍出版社,1991.

[22] 梅原猛,尾崎秀树,奈良本辰也.史话·日本历史第一卷 日本源流探源 —— 绳纹、弥生文化 [M].东京：作品社,1991.

[23] 栗原熏.日本上代的真实年代 [M].东京：永兴舍,1991.

[24] 梶山胜.试论长江下游新石器时代的稻作和旱作（续）[J].刘小燕译,宋小凡,校.农业考古.1992(1): 142-152.

[25] 石野博信.古坟形态的意味 [J].季刊考古学,1992（40）:17.

[26] 樋口隆康.三角缘神兽镜综鉴 [M].东京：新潮社,1992.

[27] 井泽元彦.逆说日本史 1 古代黎明编 —— 被封印的"倭"之谜 [M].东京：小学馆,1993.

[28] 日本书纪 [M].坂本太郎,家永三郎,井上光贞,等,校注.东京：岩波书店,1994.

[29] 横山浩一,铃木嘉吉,辻惟雄,等.日本美术全集 1 原始造型 —— 绳纹、弥生、古坟时代的美术 [M],东京：讲谈社,1994.

[30] 山海经 [M].昆明：云南科技出版社,1994.

[31] 佐藤洋一郎.DNA 讲述的稻作文明 [M].东京:日本放送出版协会,1996.

[32] 袁康,吴平.越绝书全译 [M].俞纪东,译注.贵阳:贵州人民出版社,1996.

[33] 安田喜宪."东亚稻作半月弧"与"西亚麦作半月弧 [J].季刊考古学,1996(56):26.

[34] 李修松.徐夷迁徙考 [J].历史研究,1996(4):5-14.

[35] 铃木尚.骨骼讲述的日本史 [M].东京:学习社,1998.

[36] 小泉保.绳纹语的发现 [M].东京:青土社,1998.

[37] 欠端实.圣树、稻魂和祖灵 —— 哈尼文化与日本文化的比较 [J].思想战线,1998(12):34-37.

[38] 安志敏.中国稻作文化的起源与东传 [J].文物,1999(2):63-70,92.

[39] 石宗仁.东夷、苗蛮的共同祖先与族称 [J].中央民族大学学报(哲学社会科学版),1999(4):54.

[40] 吉野裕子.蛇 —— 日本的蛇信仰 [M].东京:讲谈社,1999.

[41] 李珍华,周长楫.汉字古今音表(修订本)[Z].北京:中华书局,1999.

[42] 浙江省文物考古研究所.良渚文化研究 —— 纪念良渚文化发现六十周年国际学术讨论会文集 [C].北京:科学出版社,1999.

[43] 小岛璎礼.太阳与稻的神殿 —— 伊势神宫的稻作礼仪 [M].东京:白水社,1999.

[44] 陈桥驿.吴越文化论丛 [M].北京:中华书局,1999.

[45] 鬼头宏.从人口解读日本史 [M].东京:讲谈社,2000.

[46] 寺泽熏.王权诞生 [M].东京:讲谈社,2000.

[47] 安田喜宪.大河文明的诞生 [M].东京:角川书店,2000.

[48] 吉野裕子.天皇的祭祀 [M].东京:讲谈社,2000.

[49] 金田一春彦. 你在说真正的日语吗？ [M]. 东京：角川书店，2001.

[50] 王然. 中国文物大典① [M]. 北京：中国大百科全书出版社，2001.

[51] 熊谷公男. 从大王到天皇 [M]. 东京：讲谈社，2001.

[52] 稻作"大陆直传"的物证 [N]. 朝日新闻，2001-06-23.

[53] 河姆渡遗址博物馆. 河姆渡文化精粹 [M]. 北京：文物出版社，2002.

[54] 浅川利一，安孙子昭二. 绳纹时代的渡来文化——刻纹有孔石斧及其周边 [M]. 东京：雄山阁，2002.

[55] 森川昌和. 鸟滨贝冢——绳纹人的时间舱 [M]. 东京：未来社，2002.

[56] 郭沫若著作编辑出版委员会. 郭沫若全集第四卷·考古编 [M]. 北京：科学出版社，2002.

[57] 川崎保. 玦状耳饰 [J]. 季刊考古学，2004(89):19.

[58] 户泽充则. 考古地域史论——用地域遗址遗物描述历史 [M]. 东京：新泉社，2004.

[59] 环日本海玉文化的始源与展开 [C]. 敬和学园大学人文社会科学研究所，2004:9.

[60] 铃木克彦. 绳纹勾玉——从曲玉到勾玉 [J]. 季刊考古学，2004（89）:25.

[61] 毛昭晰. 先秦时代中国江南和朝鲜半岛海上交通初探 [J]. 东方文物，2004(1): 8-17.

[62] 宫崎县立西都原考古博物馆. 遗物归乡展·展图录 [M].2004.

[63] 鸟越宪三郎. 中国正史倭人倭国传全释 [M]. 东京：中央公论新社，2004.

[64] 李国栋. "邪马台"不读"yamatai" [M]. 东京：白帝社,2005.

[65] 浙江省文物考古研究所 . 良渚遗址群考古报告之二　反山 [C]. 北京：文物出版社，2005.

[66] 管彦波 . 谷魂信仰：稻作民最普遍的信仰形式 [J]. 贵州民族研究 ,2005(3):92-99.

[67] 司马迁 . 史记 [M]. 北京：中华书局，2006.

[68] 片冈宏二 . 从弥生时代渡来人到倭人社会 [M]. 东京：雄山阁，2006.

[69] 国立科学博物馆 . 日本列岛的自然史 [M]. 东京：东海大学出版会，2006.

[70] 夏含夷 . 从（录见）簋看周穆王在位年数及年代问题 [J]. 中国历史人物，2006(3): 9-10.

[71] 姚宾谟 . 中国昌化石文化 [M]. 杭州：中国美术学院出版社，2007.

[72] 西汉南越王博物馆 . 西汉南越王博物馆珍品图鉴 [M]. 北京：文物出版社，2007.

[73] 湖南省文物考古研究所，国际日本文化研究中心 . 澧县城头山 —— 中日合作澧阳平原环境考古与有关综合研究 [C]. 北京：文物出版社，2007.

[74] 湖南省文物考古研究所 . 澧县城头山 —— 新石器时代遗址发掘报告（上）[C]. 北京：文物出版社，2007.

[75] 陈凤九 . 丹阳铜镜青瓷博物馆千镜堂 [M]. 北京：文物出版社，2007.

[76] 笠井敏光，金关恕，千田稔，等 . 三轮山与卑弥呼、神武天皇 [M]. 东京：学生社，2008.

[77] 安田喜宪 . 稻作渔猎文明 —— 从长江文明到弥生文化 [M]. 东京：雄山阁，2009.

[78] 栾丰实 . 两城镇遗址研究 [C]. 北京：文物出版社，2009.

[79] 李静. 稻魂信仰与祖灵信仰 [J]. 云南民族大学学报（哲学社会科学版），2010(4): 104-107.

[80] 李国栋. 稻作背景下的贵州与日本 [M]. 贵阳：贵州人民出版社，2012.

[81] 杨骊. 重估大传统：四重证据法的方法论价值 [J]. 百色学院学报，2012(7): 9-15.

[82] J.G. 弗雷泽. 金枝（上册）[M]. 汪培基，徐育新，张泽石，译. 北京：商务印书馆，2013.

[83] 湖南省文物考古研究所. 安乡汤家岗 —— 新石器时代遗址发掘报告（上）[C]. 北京：科学出版社，2013.

[84] 岸本直文. 倭地国家的形成与古坟时代开始的过程 [J]. 国立历史民俗博物馆研究报告第 185 集，2014: 371.

[85] 李国栋. 稻作文化视域下的中国贵州与日本 [M]. 东京：雄山阁，2015.

[86] 小林圭一. 关于山形县内出土的玦状耳饰品 [J]. 公益财团法人山形县埋藏文化财中心研究纪要，2015(7): 20.

[87] 藤尾慎一郎. 弥生时代的历史 [M]. 东京：讲谈社，2015.

[88] 韩欣. 三家注史记（1）[M]. 天津：天津古籍出版社，2017.

[89] 生野真好. 神武天皇 —— 其真实性与真实年代之证明 [M]. 福冈：春吉书房，2017.

[90] 安田喜宪，程海芸. 日本神话与长江文明 [J]. 日语学习与研究，2018(2): 30-37.

[91] 东京国立博物馆特别展. 绳纹 —— 1 万年之美的鼓动 [M]. 东京：东京国立博物馆，2018.

[92] 李国栋. 稻作背景下的苗族与日本 [M]. 北京：中国社会科学出版社，2019.

[93] 程海芸. 日本铜镜、铜剑、勾玉的外来性与本土化 [J]. 日语

学习与研究 , 2019(4): 23-29.

[94] 杨筑慧，王欢 . 摘禾刀：一项关于西南民族糯稻收割工具的历史文化钩沉 [J]. 中央民族大学学报（哲学社会科学版），2019(1)：31-39.

[95] 给"服属于邪马台"定说投下一石 [N]. 西日本新闻，2019-02-14.

[96] 叶舒宪 . 物证优先：四重证据法与"玉成中国三部曲" [J]. 国际比较文学，2020, 3(3)：415-537.

索　引